wandern und radwandern

Erlebnisurlaub
Pfalz

Deutscher Wanderverlag
Dr. Mair & Schnabel & Co. · Stuttgart

Die kleine Reihe für Urlaub und Freizeit

Autoren:
Einleitung und Reiseteil: Andreas Stieglitz
Radtouren: Heinz-Egon Rösch
Wandertouren: Wolfgang Benz

Kartographie:
Radkarten: Mairs Geographischer Verlag
(Generalkarte 1:200 000)
Ausschnitte bearbeitet von Ing.-Büro Adolf Benjes
Wanderkarten: Ing.-Büro Adolf Benjes

Umschlag und Layout: Dieter Gebhardt, D-71675 Asperg
Redaktionelle Bearbeitung: Susanne Werk
Umschlagbild: Rathaus von Deidesheim
(*Foto:* Klaus Thiele)
und Bild auf Seite 3: Winzergasse in Gleiszellen (*Foto:* Klaus Thiele)

Alle genannten Adressen und Telefonnummern wurden sorgfältig recherchiert. Es besteht jedoch immer die Gefahr, daß sie sich kurzfristig ändern. Ebenso wurden die Radwanderungen und Wanderungen sehr sorgfältig ausgewählt und beschrieben, es können jedoch Änderungen an Wegen und Sperrungen vorgenommen werden, die nicht vorhersehbar waren. Bei der Fülle des bearbeiteten Materials sind daher vereinzelte Fehler und Unstimmigkeiten nicht immer vermeidbar. Eine rechtliche Gewähr für die Richtigkeit des Inhalts kann nicht übernommen werden. Für Verbesserungsvorschläge, Anregungen und Kritik sind wir dankbar.

ISBN 3-8134-0316-5

© 1996. **Deutscher Wanderverlag Dr. Mair & Schnabel & Co.,**
Zeppelinstraße 44/1, D-73760 Ostfildern (Kemnat)
Alle Rechte, auch die der photomechanischen Wiedergabe
und der Übersetzung, vorbehalten.
Satz: Gerda Kaul, D-73240 Wendlingen
Druck: Siegfried Roth, D-73277 Owen/Teck
Printed in Germany

Gedruckt auf 100% chlorfrei gebleichtes Papier

Inhalt

Erlebniswelt Pfalz   7
Einleitung

Pfalz Spezial   11
Wissenswertes von A–Z

Pfalz Tips   17
Praktische Informationen für die Reise

In der Pfalz   23

Sehenswertes und Informatives
Die Vorderpfalz   23
Die Haardt   24
Der Pfälzerwald   29
Westrich und Sickinger Höhe   32
Kaiserslautern und das Nordpfälzer Bergland   32

Die Pfalz erleben per pedale   37

1 Kandel – Bienwaldhütte – Büchelberg – Scheibenhardt – Schaidt – Freckenfeld – Minfeld – Kandel   38
2 Bad Bergzabern – Birkenhördt – Vorderweidenthal – Erlenbach – Bobenthal – St. Germanshof – Bad Bergzabern   40
3 Landau – Arzheim – Leinsweiler – Eschbach – Klingenmünster – Ingenheim – Herxheim – Landau   42
4 Speyer – Reffenthal – Otterstadt – Waldsee – Schifferstadt – Speyer   45
5 Neustadt/Weinstraße – Hambach – Edenkoben – Villa Ludwigshöhe – Rhodt – Edesheim – Großfischlingen – Venningen – Kirrweiler – Lachen-Speyerdorf – Neustadt   47
6 Bad Dürkheim – Freinsheim – Kirchheim/Weinstraße – Battenberg – Bobenheim am Berg – Bad Dürkheim   49

Inhalt

7	Grünstadt – Neuleiningen – Wattenheim – Carlsberg – Altleiningen – Höningen – Grünstadt	52
8	Zweibrücken – Tschifflick – Montbijou – Hornbach – Mittelbach – Zweibrücken	54
9	Landstuhl – Oberarnbach – Obernheim – Kirchenarnbach – Hettenhausen – Wallhalben – Mittelbrunn – Landstuhl	56
10	Kaiserslautern – Vogelwoog – Weilerbach – Mackenbach – Miesenbach – Steinwenden – Spesbach – Landstuhl – Kindsbach – Kaiserslauern	57
11	Bad Münster am Stein-Ebernburg – Niederhausen/Nahe – Montfort – Feilbingert – Bad Münster	60

per pedes 63

12	Von Eppenbrunn zu den Altschloßfelsen	64
13	Der Dahner Rundweg	66
14	Von Bad Bergzabern zum Karlsplatz und über den Wanderweg Deutsche Weinstraße zurück	69
15	Von Annweiler am Trifels zur Madenburg und zum Slevogthof	72
16	Von Trippstadt durch das Karlstal	74
17	Von St. Martin über die Kropsburg zum Friedensdenkmal und zur Wappenschmiede	78
18	Von Gimmeldingen zum Forsthaus Benjental und auf das Weinbiet	80
19	Von Neustadt an der Weinstraße zur Hohen Loog	83
20	Von Deidesheim über die Michaelskapelle zu den Heidenlöchern	85
21	Von Bad Dürkheim über Limburg und Hardenburg zum Bismarckturm und zum Teufelsstein	87
22	Von Dannenfels über den Donnersberg nach Falkenstein	89
23	Von Imsbach zur Ruine Hohenfels und zur Kronbuche	91

Orts- und Sachverzeichnis 94

Einleitung

Erlebniswelt Pfalz

Die Pfalz, der südlichste Teil des Bundeslandes Rheinland-Pfalz, bietet etwas für jeden Geschmack – und für Genießer. Der waldreiche Pfälzerwald, die liebliche Vorderpfalz, das offene Hügelland des Westrichs und das vielgestaltige Nordpfälzer Bergland mit dem mächtigen Donnersberg laden rund um das Jahr zu erholsamen Ausflügen. Im sonnenverwöhnten Südwesten Deutschlands kann man es Leib und Seele so richtig gutgehen lassen. Bunte Wiesen, sanftgeschwungene Weinberge und tiefe Wälder, klare Bergbäche und versteckte Waldseen, romantische Burgen und idyllische Fachwerkstädtchen bilden den idealen Rahmen für Freizeit und Erholung. Auf Schusters Rappen oder dem Drahtesel kann man auf Entdeckungsreise gehen, um die Pfalz in einem naturnahen und menschenfreundlichen Tempo zu erkunden. Überhaupt sollte man sich Zeit lassen in diesem Landstrich, wo man schon ein bißchen die französische Lebensart des savoir vivre verspürt – die Kunst, das Leben zu genießen.

Mit über 140 000 Hektar Baumbestand bildet der Pfälzerwald im Herzen der Region das größte geschlossene Waldgebiet Deutschlands. In seinen schier endlosen Wäldern, die von gut markierten Wanderwegen durchzogen sind, findet man Abgeschiedenheit und Ruhe. Zahlreiche Jugendherbergen, Wanderheime und Berghütten bieten willkommene Anlaufstellen. Im Bergland ist es auch im Sommer noch angenehm kühl, und die klare, würzige Luft läßt tief durchatmen. Bizarre Sandsteinfelsen wie der »Teufelstisch« oder der »Drachenfels«, um die sich mancherlei Sagen ranken, tragen zum besonderen Reiz des Pfälzerwaldes bei. Kletterfreunde aus ganz Deutschland pilgern in das berühmte Dahner Felsenland, wo man auf Schritt und Tritt phantastischen Gesteinsformationen begegnet.

Die Pfalz ist uraltes Kulturland. Archäologische Funde verweisen auf die einstige Anwesenheit von Kelten und Römern. Eine Vielzahl mittelalterlicher Burgen grüßt von den Anhöhen herab. Einst waren es wehrhafte Bollwerke, doch unerbittlich hat der Zahn der Zeit an ihnen genagt. Nur ganz wenige Burgen

◀ Tête-à-Tête beim Wein (Foto: Südliche Weinstraße e.V.)

haben die Zeitläufe unbeschadet überstanden, aber auch als Ruinen vermitteln sie noch ein Gefühl von Ritterromantik – von der herrlichen Aussicht ganz zu schweigen.

Eine Landschaft wie aus dem Bilderbuch erwartet Besucher an der Weinstraße. Romantische Winzerdörfer, von sanftgewelltem Rebland umgeben, haben ihr historisches Ambiente bewahrt. Heimelige Gassen mit blumengeschmückten Fachwerkhäusern, von trutzigen Stadtmauern umwehrt, laden zum gemütlichen Bummel. Schon Bayernkönig Ludwig I. wußte das südländische Flair dieses Landstrichs zu schätzen, in dem nicht nur edle Tropfen gedeihen, sondern sich auch allerlei Exoten wie Feigen, Zitronen und Kiwis wohlfühlen. Oberhalb von Edenkoben, in der »schönsten Quadratmeile seines Reiches«, ließ er sich die Villa Ludwigshöhe als seine Sommerresidenz errichten. Heute beherbergt der klassizistische Bau eine Gemäldesammlung des Impressionisten Max Slevogt – auch dieser ein Wahlpfälzer, der seiner bayerischen Heimat den Rücken kehrte. Heimliche Hauptstadt dieses Landstrichs ist Neustadt an der Weinstraße, die größte Weinbaugemeinde Deutschlands. Rund um den Marktplatz neben Stiftskirche und Rathaus liegt die stimmungsvolle Altstadt mit ihren verwinkelten Gassen.

Aber auch die größeren Städte lohnen zu jeder Jahreszeit einen Besuch. Mit seinen wunderschönen Bürgerhäusern und ehemaligen Adelshöfen, vor allem aber mit dem berühmten Kaiserdom zieht das 2000jährige Speyer zahllose Besucher an. Die salischen Kaiser ließen den monumentalen Dom zu Speyer im 11. und 12. Jahrhundert als kaiserliche Grablege erbauen. Das Gotteshaus gilt als herausragendes Zeugnis romanischer Kirchenbaukunst auf deutschem Boden und wurde 1980 durch die UNESCO zum Weltkulturdenkmal erklärt. Ebenfalls in der Vorderpfalz liegt die schmucke Gartenstadt Landau. Bis an die Stadtgrenze reicht das Rebland dieser zweitgrößten Weinbaugemeinde Deutschlands.

Die nach Ludwigshafen zweitgrößte Stadt der Pfalz, durch den 1. FC Kaiserslautern als Fußballmetropole bekannt, liegt am Nordrand des Pfälzerwaldes. Mit dem Bau einer Kaiserpfalz durch Friedrich Barbarossa nahm Kaiserslautern im 12. Jahrhundert seinen Aufschwung. Unter Pfalzgraf Johann Casimir, dem »Jäger aus Kurpfalz«, entstand 1569 das stattliche, teilweise erhaltene Renaissanceschloß. Heute ist Kaiserslautern eine lebendige Universitätsstadt.

Zweibrücken, die sogenannte Stadt der Rosen und der Rosse, bildete ab 1477 die Residenz des Herzogtums Pfalz-Zweibrücken. Mit dem Zusatz »Rosenstadt« darf sich Zweibrücken zu

Einleitung

Recht schmücken. Auf dem Gelände der einstigen herzoglichen Hofgärten befindet sich heute ein herrlich angelegter Rosengarten, in dem über 60 000 Rosenstöcke in mehr als 2000 Sorten stehen. In Zweibrücken ist auch das rheinland-pfälzische Landgestüt angesiedelt. Es blickt auf eine lange Tradition zurück, die bis in das Jahr 1755 reicht – daher der Ruf Zweibrückens als die »Stadt der Rosse«. Bis heute finden hier zahlreiche pferdesportliche Veranstaltungen statt.

Mit Pirmasens hat fast jeder einmal auf Schritt und Tritt zu tun – im wahrsten Sinne des Wortes. Rund ein Drittel der deutschen Schuhproduktion stammt aus der lebhaften Stadt am Westrand des Pfälzerwaldes. Im 18. Jahrhundert wurde der bis dahin unbedeutende Ort zur Garnison ausgebaut. Als die Garnison nach einigen Jahrzehnten wieder aufgelöst wurde, drohte der wirtschaftliche Niedergang. Aus kleinen Anfängen entwickelte sich damals die bis heute bedeutende Schuhindustrie.

Überhaupt hat die Pfalz kulturell viel zu bieten, angefangen von den zahlreichen Burgfestspielen im Sommer bis hin zu den vielen Kleinkunstveranstaltungen, die rund um das Jahr stattfinden. Lebendige Heimat- und Handwerksmuseen, bedeutende überregionale Museen, Gemäldesammlungen und sogar ein Musikantenland-Museum locken bei jedem Wetter zum Besuch. Schaubergwerke laden zum informativen Ausflug in die Unterwelt, Wildparks bieten ein unterhaltsames Naturerlebnis für alle Altersgruppen.

Auch kulinarisch ist die Pfalz eine Reise wert. Die Pfälzer Küche hat viel Schmackhaftes zu bieten – vielleicht, weil Kochkunst und Wein seit jeher zusammengehören. Auf eine regelrechte Schlemmerreise kann man sich entlang der Deutschen Weinstraße begeben. Stimmungsvolle Gasthäuser und berühmte Weingüter reihen sich hier in fast ununterbrochener Folge aneinander. Die Lebensfreude der Pfälzer drückt sich auch in einem prall gefüllten Festtagskalender aus. Hauptattraktion sind die Weinfeste, allen voran das Deutsche Weinlesefest mit Wahl der Deutschen Weinkönigin in Neustadt, das alljährlich im Oktober zahlreiche Besuchern anzieht. Wahre Gaumenkitzler sind auch das Spargelfest in Dudenhofen, die Saumagenkerwe (Kerb oder Kirmes) in Kallstadt, die Wein- und Quetschekuchen-Kerwe in Haardt und das Karpfenfest in Otterstadt. Rekordverdächtig ist der Dürkheimer Wurstmarkt, dessen Besucher 1975 sage und schreibe 246 416 Liter Wein tranken.

Wissenswertes von A–Z

Pfalz Spezial

Bayern
Nicht nur Bodenständigkeit und Freude am behaglichen Beisammensein, für die beide Volksstämme bekannt sind, verbindet die Pfälzer mit den Bayern. Es ist ihr gemeinsames Herrscherhaus, das sie über Jahrhunderte die Geschicke teilen ließ. Die Bayern waren zuerst am Zug. Bereits 1214 übernahm das bayerische Haus Wittelsbach die Pfalzgrafschaft bei Rhein. Gut einhundert Jahre später kam es zur Teilung in eine pfälzische und eine bayerische Linie der Wittelsbacher. Über lange Zeit änderte sich daran nichts, bis 1777 die bayerische Linie der Wittelsbacher ausstarb. Zwar war schon ein halbes Jahrtausend vergangen, seit sich das Haus Wittelsbach getrennt hatte, doch erinnerte man sich der gemeinsamen Ahnen. Das kurpfälzische Herrscherhaus Wittelsbach-Zweibrücken trat das Erbe an und verlegte die Residenz von Mannheim nach München. Nach den Wirren der Französischen Revolution und dem Wiener Kongreß gelangte die Pfalz 1816 als »Rheinkreis« (dieser Name bestand bis 1838) an das Königreich Bayern. Unter den jungen Männern kursierte damals der Ausdruck »zu den Bayern müssen«, wobei vom ungeliebten Wehrdienst die Rede war. Dank ähnlicher Wesensart verstand man sich ansonsten aber recht gut, und im Laufe der Zeit ist zwischen Bayern und Pfälzern sogar eine unverbrüchliche Zuneigung entstanden. Auch Bayernkönig Ludwig I. fühlte sich in der Pfalz wie zuhause. Als er wegen einer Affäre mit der spanischen Tänzerin Lola Montez 1848 abdanken mußte, ließ er sich bei Edenkoben seine Sommerresidenz »Villa Ludwigshöhe« errichten. Bis 1945 gehörte die Pfalz schließlich zu Bayern, ehe sie 1947 in das neugegründete Land Rheinland-Pfalz eingegliedert wurde.

Buntsandstein
Im Erdmittelalter waren große Teile Deutschlands wiederholt vom Meer überflutet. Die sandigen Ablagerungen dieses urzeitlichen Meeres wurden im Laufe von Jahrmillionen unter Druck verfestigt und schließlich durch tektonische Verschiebungen angehoben. Im Bereich des Pfälzerwaldes tritt der rötliche Buntsandstein gebirgig zutage. Die teilweise bizarren Felsgebilde, wie sie im Dahner Felsenland gehäuft zu sehen sind, wurden allmählich durch Wind und Wetter herauspräpariert.

Elwedritsche
Diese pfälzischen Fabelwesen (nahe Anverwandte der bajuwarischen Wolpertinger) bekommt

◂ **Picknick mit Pfälzer Spezialitäten** (Foto: Klaus Thiele) man mit etwas Glück (und des Bacchus' Beistand) nächtens zu Gesicht, wenn sie die Weinberge und Wälder durchstreifen. Falls man ihrer nicht habhaft wird, sollte man sich für einen weiteren Schoppen zurück in die Weinstube begeben. Einfacher hat man es in Neustadt an der Weinstraße, wo man die scheuen Wesen – solide im Bronzeguß – auf dem Elwedritschenbrunnen bewundern kann.

Klima
Während Pfälzerwald, Westrich und Nordpfälzer Bergland ein gemäßigtes Mittelgebirgsklima aufweisen, gilt die Vorderpfalz als eine der wärmsten Gegenden Deutschlands. Die zumeist mit westlicher und südwestlicher Strömung über dem Pfälzerwald aufsteigenden Luftmassen führen dort häufig zu Wolkenbildung und Steigungsregen. Im Lee des Gebirges streicht ein trockener Fallwind über die Haardt in die Rheinebene. Durch diesen lokalen Föhneffekt kommt es hier zu einer vergleichsweise hohen Sonnenscheindauer und geringen Niederschlagswerten. Im Sommer kann es in der Vorderpfalz recht heiß werden, aber im Bergland bleiben die Temperaturen auch dann angenehm. Eine ausgesprochen schöne Reisezeit ist der Herbst, wenn sich das Laub färbt und die Weinberge in leuchtenden Farbschattierungen von Gelb bis Rot erstrahlen. Der Winter ist mild; selbst in höheren Lagen ist kaum mit Schnee zu rechnen.

Küche
Die Pfälzer Küche war lange Zeit französischen, badischen und bayrischen Einflüssen ausgesetzt und wartet mit herzhaften, kulinarisch verfeinerten Spezialitäten auf. Zur traditionellen Küche gehören so beliebte Gerichte wie der berühmte Pfälzer Saumagen, mit Eßkastanien gefüllter Gänsebraten, Fleischklöße (»Flääsch-Knepp«) mit Meerrettichsoße, ofenwarmer Flammkuchen und Dampfnudeln mit Weinschaumcreme. Kartoffeln gibt es in zahlreichen Varianten – von saurer »Krummbeeresupp« (Kartoffelsuppe) bis hin zu »Hoorigen Knepp« (Kartoffelklößen). Im Frühjahr ist Spargelsaison; fast überall stehen zu dieser Zeit frische Spargelgerichte auf der Speisekarte. Eßkastanien, die wild in den Wäldern der Haardt wachsen, liefern im Herbst die schmackhaften Maronen. In vielen Weinlokalen und gutbürgerlichen Gasthöfen werden die traditionellen Gerichte der Pfälzer Küche serviert.

Musikantentum
Als die rasch anwachsende Bevölkerung der Nordpfalz im 19. Jahrhundert verarmte, zogen viele Bauern als Musikanten in die weite Welt. Die Wandermusiker aus Jettenbach, Kusel und vielen anderen Dörfern des »Musikantenlandes« spielten auf Festen und Feiern, in Kaffeehäusern und in Zirkussen, auf Ausflugsdampfern und Jahrmärkten. Um die Jahrhundertwende waren über 2500 Wandermusiker registriert, und im Ausland wurde der Begriff »Pfälzer« zum Synonym für einen ganzen Berufsstand. Mit dem Ersten Weltkrieg kam das Musikantentum fast schlagartig zum Erliegen.

Naturpark Pfälzerwald
Landschaftlich besonders reizvoll ist der Pfälzerwald in einem Gebiet von rund 1800 qkm, das 1958 zum Naturpark erklärt wurde. Im

Wissenswertes von A–Z

Norden und in der Mitte herrscht abwechslungsreicher Mischwald vor, während sich im Süden tiefe Weißtannenwälder erstrecken.
Am Ostrand des Gebirges, der Haardt, drängt Rebland den Wald zurück. Im Jahre 1992 erfolgte durch die UNESCO die Anerkennung des Pfälzerwaldes als Biosphären-Reservat.
Der Verein Naturpark Pfälzerwald unterhält über 100 Wanderparkplätze, fast alle mit markierten Rundwanderwegen. Darüber hinaus betreut der Pfälzerwald-Verein ein markiertes Wegenetz von etwa 4000 km Länge sowie zahlreiche Wanderheime, Raststätten und Schutzhütten.

Pfälzische Weltachse

Auf dem Kleinen Roßrück in der Nähe von Waldleiningen steht die »Pälzisch Weltachs«, denn selbstredend liegt sie in der Pfalz. Ein mächtiger Sandsteinblock, von einem napoleonischen Vermessungsstein gekrönt, markiert diese Stelle. Eingemeißelt in den Fels ist ein Mann mit Ölkanne dargestellt, der die Weltachse schmiert. Daneben steht ein Vers des Dichters Paul Münch: »Do werd die Weltachs ingeschmeert un uffgebasst, daß nix passeert.«

Pflanzenwelt

Das natürliche Pflanzenkleid aus Eichen-Hainbuchenwäldern wurde durch menschliche Besiedlung immer weiter zugunsten einer landwirtschaftlichen Nutzung des Bodens zurückgedrängt. Immerhin ist der Pfälzerwald noch zu über siebzig Prozent waldbedeckt, während sich in der Rheinebene fast ausschließlich Acker- und Rebland erstrecken. Der Westrich und das Nordpfälzer Bergland bieten ein buntes Wechselspiel aus Äckern, Wiesen und Wäldern. Dank ihres milden Klimas umweht ein Hauch von Exotik die sonnenverwöhnte Vorderpfalz. Der Weinbau hielt ursprünglich mit den alten Römern Einzug und prägt heute mit

Die »Pälzisch Weltachs« auf dem Kleinen Roßrück (Foto: Heinz Wittner)

über 150 Millionen Rebstöcken die Landschaft. Auf den Rebhängen gedeihen, sofern kein Gift eingesetzt wird, sogenannte Weinbaubegleiter wie Traubenhyazinthen und Wildtulpen. Viele südländische Gewächse, die nirgendwo sonst in Deutschland vorkommen, verleihen der Vorderpfalz ein geradezu mediterranes Gepräge. Verwundert reiben sich viele Besucher die Augen, wenn sie wilde Zitronen, Feigenbäume und Kiwis in den Obstgärten erblicken. Bereits an den ersten warmen Märztagen setzt eine üppige Blütenpracht ein, die durch immer neue Farbschattierungen bezaubert. Unter den Obstbäumen eröffnen Mandeln, Zwetschgen und Mirabellen den bunten Blütenreigen, gefolgt von Pfirsischen und Aprikosen. Längst ist die von den Römern eingeführte Edelkastanie mit ihren süßmehligen, stachelbewehrten Früchten an der Haardt heimisch geworden. Nach einer herbstlichen Wanderung behaglich im Freien zu sitzen, bei einem Schoppen Riesling zu frischgerösteten Maronen – ein herrlicher Ausklang des Tages.

Rittersteine

So heißen die Gedenksteine, die auf Veranlassung des damaligen Regierungsforstdirektors und Hauptvorsitzenden des Pfälzerwald-Vereins, Karl Albrecht Ritter, in den Jahren 1910 bis 1914 an bedeutenden historischen Örtlichkeiten im Pfälzerwald aufgestellt wurden. Seit den siebziger Jahren wird diese Aktion vom Pfälzerwald-Verein fortgesetzt. Mit Roß und Reiter haben die Rittersteine also nichts zu tun.

Schoppen

Überall in Deutschland mißt ein Schoppen einen Viertelliter. Weit gefehlt in der genußfreudigen Pfalz. Hier faßt der Schoppen gleich einen halben Liter. Allerdings hat man das Glas selten für sich allein. Wenn man sich in eine

Im Weinkeller (Foto: Klaus Thiele)

Wissenswertes von A–Z

Der Weinbau hielt ursprünglich mit den Römern Einzug: Römische Kelter bei Ungstein, Blick in die Tretbecken (Foto: Heinz Wittner)

Gastwirtschaft setzt, bekommt man von echten Pfälzern am Tisch sogleich ein Schoppenglas zugeschoben. Das Eis ist gebrochen, und man kommt rasch ins Gespräch. Selbstredend bestellt man dann auch selbst einen Schoppen, den man mit den anderen teilt. Zum Abschluß des geselligen Beisammenseins macht der sogenannte Trollschoppen die Runde. Nachdem der Trollschoppen gelehrt ist und der vorletzte die Zeche bezahlt hat, trollt man sich.

Weinbau

Östlich des Pfälzerwaldes, von der klimatisch begünstigten Vorhügelzone der Haardt bis weit in die Rheinebene, erstreckt sich mit 23 000 Hektar das nach Rheinhessen zweitgrößte zusammenhängende Weinbaugebiet Deutschlands. Es gliedert sich in die Bereiche »Mittelhaardt – Deutsche Weinstraße« und »Südliche Weinstraße«. Der Weinbau hat in der Pfalz eine lange Tradition und bestimmt heute mehr denn je das Landschaftsbild. Bis zu vierzig Prozent der landwirtschaftlich genutzten Fläche ist von Rebland bedeckt, darunter vor allem Weißweinsorten. Auf über 4000 Hektar stockt Riesling, die weltweit edelste weiße Rebsorte. Hinsichtlich Rebfläche und Erntemenge an erster Stelle steht jedoch der Müller-Thurgau, eine klassische Kreuzung zwischen Riesling und Silvaner. Traditionell wurde in der Pfalz hauptsächlich Silvaner angebaut, doch sein Anteil an der Rebfläche beträgt gegenwärtig nurmehr knapp 2000 Hektar. Aufgrund der Nachfrage werden in letzter Zeit vermehrt Rotweinsorten kultiviert, vor allem Portugieser und Blauer Spätburgunder. Neben zahlreichen Weingütern gibt es 23 Winzergenossenschaften, wo auch Weinproben durchgeführt werden können. Sehenswerte Weinmuseen befinden sich in Bad Dürkheim, Deidesheim, Edenkoben, Neustadt-Mußbach und Speyer.

Praktische Informationen für die Reise

Pfalz Tips

Angeln
Das Angeln ist in einer Reihe von Weihern und Forellenteichen möglich. Angelkarten sind bei den Gemeindeverwaltungen und örtlichen Anglervereinen erhältlich.

Anreise
mit dem Auto
Zwischen Neustadt a.d.W. und Landau verläuft die A 65 parallel zur Deutschen Weinstraße. Von Ludwigshafen führen die A 650 nach Bad Dürkheim und die A 6 am Nordrand des Pfälzerwaldes entlang an Kaiserslautern vorbei nach Saarbrücken. Von Mainz kommend, verläuft die A 63 am Donnersberg vorbei nach Kaiserslautern. Viele Ortschaften des Nordpfälzer Berglandes liegen an der B 420. Quer durch den Pfälzerwald führt die B 10 von Landau nach Pirmasens, von wo sich die A 8 nach Zweibrücken fortsetzt. Weiter südlich führt die B 427 von Bad Bergzabern durch den Pfälzerwald in Richtung Pirmasens.
Die Deutsche Weinstraße führt über verschiedene Straßen. Zwischen Bockenheim und Neustadt a.d.W. verläuft sie auf der B 271. Von Maikammer bis Klingenmünster folgt sie unterschiedlichen Landstraßen, bis Bad Bergzabern der B 48 und anschließend bis Dörrenbach der B 427. Dann kommt ein kurzes Stück Landesstraße, ehe es bis Schweigen-Rechtenbach auf der B 38 weitergeht. Jeweils am letzten Sonntag im August ist die Deutsche Weinstraße für den Verkehr gesperrt, wenn in ihrem Verlauf das längste Straßenfest der Welt stattfindet.

mit der Bahn
Die Hauptstrecke Mannheim – Neustadt a.d.W. – Kaiserslautern – Saarbrücken führt quer durch die Pfalz. Eine weitere Hauptstrecke reicht von Karlsruhe über Landau und Zweibrücken nach Saarbrücken. Von Landau verläuft eine Bahnstrecke parallel zur Weinstraße bis Alzey und weiter nach Bingen am Rhein. Im Nordpfälzer Bergland führen Nebenlinien durch das Glantal, das Lautertal und das Alsenztal. Fast alle pfälzischen Strecken werden mittlerweile im Stundentakt bedient (Rheinland-Pfalz-Takt).

Auskunft
Pfalz-Tourist-Information, Landauer Straße 66, 67434 Neustadt a.d.W., Tel. (0 63 21) 39 16-0.
Geschäftsstelle des Pfälzerwald-Vereins e.V., Fröbelstraße 26, 67433 Neustadt a.d.W., Tel. (0 63 21) 22 00.
Südliche Weinstraße e.V., Zentrale für Tourismus, An der Kreuzmühle 2, 76829 Landau, Tel. (0 63 41) 38 01 48.

◀ Kletterer (Foto: Michael Klees)

Kreisfremdenverkehrsamt Bad Dürkheim, Philipp-Fauth-Straße 11, 67098 Bad Dürkheim, Tel. (0 63 22) 7 96-1 02.
Verkehrsvereinigung Leininger Land e.V., Industriestraße 11, 67269 Grünstadt, Tel. (0 63 56) 2 84.
Mittelhaardt Deutsche Weinstraße e.V., Chemnitzer Straße 3, 67433 Neustadt a.d.W., Tel. (0 63 21) 91 23 33.
Pfälzischer Verkehrsverband e.V., Hindenburgstraße 12, 67433 Neustadt a.d.W.
Neben diesen Fremdenverkehrsverbänden unterhalten alle größeren Ortschaften eigene Verkehrsbüros. Kleinere Orte werden häufig durch zentrale Auskunftsstellen am Sitz der Verbandsgemeindeverwaltung betreut.

Ballonfahren

Die Pfalz aus der Vogelperspektive kann man bei einer 90minütigen Fahrt im Heißluftballon erleben. Nähere Auskunft bei der Tourist-, Kongreß- und Saalbau-GmbH, Bahnhofstraße 1, 67434 Neustadt a.d.W., Tel. (0 63 21) 92 68 93.

Besucherbergwerke

Für einen Ausflug in die Unterwelt bieten sich eine Reihe von Möglichkeiten:
67304 Eisenberg: Tongrube Reindlstollen, Telefon (0 63 51) 4 07 65.
67292 Kirchheimbolanden: Weiße Grube bei Imsbach. Zu diesem ehemaligen Erzbergwerk führt ein geologisch-bergbaugeschichtlicher Wanderweg (Grubenrundwanderweg). Tel. (0 63 52) 17 12.
76891 Nothweiler: Eisenerzbergwerk St. Anna-Stollen, Telefon (0 63 94) 12 02.
67705 Trippstadt: Brunnenstollen (im 18. Jh. zur Wasserversorgung angelegt), Tel. (0 63 06) 3 41.
67752 Wolfstein: Kalkbergwerk am Königsberg. Fahrt mit einer kleinen Grubeneisenbahn. Tel. (0 63 04) 6 51.

Einfahrt einer Besuchergruppe in das Kalkbergwerk in Wolfstein

(Foto: Heinz Wittner)

Praktische Informationen für die Reise

Camping
Campingfreunde haben in der Pfalz zwischen etlichen Plätzen die Qual der Wahl. Nähere Auskunft erteilen die örtlichen Verkehrsämter, die Pfalz-Tourist-Information (siehe unter »Auskunft«) und der Verband der Campingplatzhalter Rheinland-Pfalz und Saarland e.V., Landesgeschäftsstelle Pfrimmerhof 3, 67729 Sippersfeld, Tel. (0 63 57) 8 41.

Drachenfliegen
Der Drachenflugsport kann in der Pfalz an mehreren Stellen ausgeübt werden, so am Donnersberg, bei Pfeffelbach unweit Kusel, in Dirmstein, an der Madenburg bei Eschbach, am Stolzenberger Hof im Alsenztal und am Stauf bei Eisenberg. Am Hohenberg zwischen Annweiler und Birkweiler liegt ein Klippenstartplatz. Auskunft erteilt der Pfälzische Drachenflugclub, Helmut Menzel, Madenburgstraße 3, 76879 Essingen, Tel. (0 63 47) 82 13. Gleitschirmfliegen ist auf dem Orenfels bei Albersweiler und auf dem Adelberg möglich.

Freizeitbäder
Wasserratten kommen in der Pfalz ganzjährig auf ihre Kosten, z.B. in folgenden Freizeitbädern:
Bad Dürkheim: Salinarium, eine Badeanlage am Kurpark (Tel. (0 63 22) 6 67 27, sowie das Vitalis Wellnesszentrum, ein großes Erlebnisbad im Kurparkhotel.
Haßloch: Badepark, Tel. (0 63 24) 59 92-2 25.
Kirchheimbolanden: Hallen-Freizeitbad, Tel. (0 63 52) 4 00 10.
Kusel: Bade- und Freizeitbad mit Heißwasserquelle und Riesenrutsche, Tel. (0 63 81) 42 05 50.
Landau: Freizeitbad »La Ola«, Tel. (0 63 41) 5 51 15.
Pirmasens: Erlebnisbad Plub, Tel. (0 63 31) 84 24 14.
Rülzheim: Spiel- und Spaßbad »Moby Dick«, Tel. (0 72 72) 9 28 40.
Wörth: Badepark, mitten im Wald gelegen, Tel. (0 72 71) 13 10.
Zweibrücken: Badeparadies, Tel. (0 63 32) 8 82 45.

Heilbäder und Kurorte
Die renommierten Staatsbäder Bad Dürkheim und Bad Bergzabern liegen beide an der Deutschen Weinstraße.

Jugendherbergen
Alle Altersgruppen, ja sogar ganze Familien sind in den Jugendherbergen willkommen. Nähere Informationen erteilt der DJH-Landesverband Rheinland-Pfalz/Saarland e.V., In der Meielache 1, 55122 Mainz, Tel. (0 61 31) 32 00 95.
67317 Altleiningen: Jugendherberge Altleiningen (mit beheiztem Freibad), Burgberg, Tel. (0 63 56) 15 80.
76855 Annweiler: Turnerjugendheim mit Jugendherberge, Turnerweg 60, Tel. (0 63 46) 84 38.
76887 Bad Bergzabern: Altenbergweg, Tel. (0 63 43) 83 83.
66994 Dahn, Wachtfelsen 1, 66994 Dahn, Tel. (0 63 91) 17 69.
67098 Bad Dürkheim: Jugendheim St. Christopherus, Schillerstraße 151, Tel. (0 63 22) 6 31 51.
67691 Hochspeyer: Trippstadter Straße 150, Tel. (0 63 05) 3 36.
66978 Merzalben: Tannenweg 20, 66978 Merzalben, Tel. (0 63 95) 2 71.
67434 Neustadt a.d.W.: Hans-Geiger-Straße 27, Ortsteil Hambacher Höhe, Tel. (0 63 21) 22 89.
67346 Speyer: Geibstraße 5, Tel. (0 62 32) 7 53 80.

67808 Steinbach: Jugendherberge am Südwestausgang des Dorfes, Tel. (0 63 57) 3 60.

66871 Thallichtenberg: Jugendherberge Burg Lichtenberg, Burgstraße 12, Tel. (0 63 81) 26 32.

67752 Wolfstein, Königsland-Jugendherberge, Rötherweg 24, Tel. (0 63 04) 14 08.

Klettern

Die südpfälzische Felsenlandschaft des Wasgau ist ein Paradies für Kletterfreunde. Rund achtzig freistehende Felstürme und über 140 Massive wollen im Dahner und Annweiler Felsenland erobert sein. Doch Vorsicht: Anfänger sollten nur unter fachkundiger Leitung klettern. Auskünfte über Kletterkurse aller Schwierigkeitsgrade und Pauschalangebote erteilen das Büro für Tourismus Südliche Weinstraße e. V., Hauptstraße 20, 76855 Annweiler, Tel. (0 63 46) 22 00 und die Tourist-Information im Rathaus, 66994 Dahn, Tel. (0 63 91) 58 11, Fax 13 62.

Museumseisenbahn

Ein historischer Dampfzug, das sogenannte Kuckucksbähnel, fährt von Mai bis Oktober an bestimmten Sonntagen von Neustadt a. d. W. bis Lambrecht und weiter durch das wildromantische Speyerbachtal nach Elmstein. Im Dezember finden sogenannte Nikolausfahrten statt. Nähere Auskünfte über Fahrpläne usw. sind im Bahnhof Neustadt an der Weinstraße und bei den örtlichen Verkehrsämtern erhältlich.

Naturfreundehäuser

Es gibt 25 Naturfreundehäuser in der Pfalz, wo man zünftig und preiswert übernachten kann. Eine schriftliche Voranmeldung ist empfehlenswert. Nähere Informationen: Die Naturfreunde Rheinland-Pfalz, Hohenzollernstraße 14, 67063 Ludwigshafen, Tel. (06 21) 52 31 91.

Ponyreiten und Kutschfahrten

76857 Albersweiler b. Annweiler, Ponyhof, Tel. (0 63 45) 16 15.

47122 Altrip, Rexhof, Tel. (0 62 36) 24 04.

67294 Bischheim, Pension Alter Hof, Tel. (0 63 52) 35 75.

67454 Haßloch, Ponyfarm, Tel. (0 63 24) 36 14.

66969 Lemberg, Reiterhof Langmühle, Tel. (0 63 31) 4 05 69.

66957 Ruppertsweiler, U. Oltersdorf, Tel. (0 63 95) 74 28.

66954 Pirmasens, Fjordpferdehof, Tel. (0 63 31) 9 78 18.

67487 St. Martin, Verkehrsamt, Tel. (0 63 23) 53 00.

66887 Ulmet bei Kusel, Waldhotel Felschbachhof, Tel. (0 63 87) 4 25.

Radfahren

Die vielgestaltige Landschaft der Pfalz ist für Radfahrer ideal geeignet und bietet Touren für jeden Geschmack. Alljährlich am letzten Sonntag im August, dem sogenannten Erlebnistag, ist die Deutsche Weinstraße für den Autoverkehr gesperrt und ganz den Fußgängern und Radfahrern vorbehalten. Informationen zum Radwandern und Fahrradverleih sind erhältlich bei der Pfalz-Tourist-Information (siehe »Auskunft«) sowie beim Allgemeinen Deutschen Fahrrad-Club (ADFC), Landesverband Rheinland-Pfalz e. V., Richard-Wagner-Straße 13, 67433 Neustadt, Tel. (0 63 21) 3 27 05.

Praktische Informationen für die Reise

Reisezeit
Mit ihren vielfältigen Freizeitmöglichkeiten, wunderschönen Ortschaften und abwechslungsreichen Landschaften ist die Pfalz rund um das Jahr ein attraktives Reiseziel. In der Vorderpfalz ist es im Frühjahr besonders schön, wenn unzählige Obstbäume in Blüte stehen. Im Sommer findet man im Pfälzerwald und im Nordpfälzer Bergland angenehm schattige, kühle Wege. Viele Winzerfeste locken im Herbst an die Deutsche Weinstraße. Angesichts milder und schneeärmer Winter sind allerdings keine Möglichkeiten für Wintersport gegeben.

Unterkunft
Es gibt eine breite Palette an Unterkunftsmöglichkeiten, die von Hotels über Pensionen bis hin zu einfachen Privatquartieren reicht. Auskunft erteilt die Pfalz-Tourist-Information (siehe »Auskunft«). Bei der Zimmervermittlung sind auch die örtlichen Verkehrsämter behilflich.

Wandern
Die vielfältigen Landschaften der Pfalz bieten nahezu unbegrenzte Wandermöglichkeiten. Der ehrenamtlichen Arbeit des Pfälzerwald-Vereins (PWV) verdankt die Region ein über 11 000 Kilometer langes Netz markierter Wanderwege. Naturfreunden und Wanderern stehen außerdem die Wanderheime, Hütten und Rasthäuser des Pfälzerwald-Vereins zur Verfügung. Auskunft erteilen die Pfalz-Tourist-Information (siehe »Auskunft«) und die Geschäftsstelle des Pfälzerwald-Vereins e.V., Fröbelstraße 26, D-67433 Neustadt a.d.W., Tel. (0 63 21) 22 00.

Wassersport
Auf einer ganzen Reihe von stehenden Gewässern sind in der Pfalz gute Möglichkeiten für den Wassersport gegeben. Diese Seen liegen bei Bad Bergzabern, Bad Dürkheim, Boben-Roxheim (unweit Frankenthal), Edenkoben, Hauenstein, Kaiserslautern (Strandbad Gelterswoog, auch Hohenecker Weiher genannt), Kindsbach (nahe Landstuhl), Ludwigswinkel (bei Eppenbrunn), Schönenberg-Kübelberg (Ohmbachsee) und Speyer.

Weinlehrpfade
An der Deutschen Weinstraße gibt es eine Reihe von Lehrpfaden, die durch das Rebland führen und über den Weinbau informieren. Nähere Informationen sind bei den jeweiligen Verkehrsämtern erhältlich: Bad Dürkheim, Deidesheim, Edenkoben, Freinsheim, Grünstadt, Herxheim am Berg, Neustadt-Haardt, Schweigen, St. Martin, Wachenheim und Zellertal.

Zoo, Wild- und Freizeitparks
Haßloch: Holiday-Park, Telefon (0 63 24) 59 93 18.

Kusel: Wildpark Potzberg, Telefon (0 63 81) 4 20 90.

Landau: Zoo (größter Tierpark in Rheinland-Pfalz), Tel. (0 63 41) 1 31 61.

Silz: Wild- und Wanderpark Südliche Weinstraße, Tel. (0 63 41) 38 01 48. Der 100 Hektar große Park ist ein ganz besonderes Erlebnis.

Wachenheim: Kurpfalz-Park, Telefon (0 63 25) 20 77.

Wolfstein-Nußbach: Hochwildschutzpark Königsland, Telefon (0 63 64) 13 18.

Sehenswertes und Informatives

In der Pfalz

Die Vorderpfalz

Zwischen dem Pfälzerwald im Westen, dem Rhein im Osten und der Lauter (französische Grenze) im Süden erstreckt sich die Vorderpfalz. Wirtschaftliche Lebensader ist der Rhein, an dessen Ufer die große pfälzische Industriestadt Ludwigshafen liegt. Die fruchtbaren Böden der Vorderpfalz werden hauptsächlich ackerbaulich genutzt. Leuchtendgelbe Rapsfelder und Getreide, das sich sanft im Wind wiegt, sowie Spargel, Sonnenblumen und Tabak prägen die flache Rheinebene. In den klimatisch begünstigten, lößbedeckten Hanglagen an den Ausläufern des Pfälzerwaldes herrscht Weinbau vor. Im Südosten der Vorderpfalz erstreckt sich südlich von Kandel der *Bienwald*, ein überwiegend mit Laubbäumen bestocktes Waldgebiet. Die naturnahen Auenwälder am Rhein und seine verschlungenen Altläufe laden zu bequemen Spaziergängen und Radtouren ein.

Kaiserdom in Speyer (Foto: Heinz Wittner)

◀ **Burgruine Falkenstein** (Foto: Heinz Wittner)

Sehenswertes

Frankenthal
Erkenbert-Museum zur Vor- und Frühgeschichte
Ausstellung zur Frankenthaler Porzellanmanufaktur im Rathaus
Frankenthaler Kulturtage

Haßloch
Heimatmuseum
Holiday-Park (Freizeitpark)

Kandel
Bienwald-Museum im Alten Rathaus (Rokoko, 1773/83) mit dem berühmten Keltenhelm

Ludwigshafen
Wilhelm-Hack-Museum

Rheinzabern
Römermuseum (altes Schulhaus)

Speyer
Kaiserdom
Historisches Museum der Pfalz am Domplatz, Abteilung über den Weinbau, Diözesanmuseum
Barocke Dreifaltigkeitskirche
Altpörtel (1230/50), eines der schönsten mittelalterlichen Stadttore Deutschlands
Judenbad (1110/20), Judengasse
Geburtshaus des Malers Anselm Feuerbach
Technikmuseum mit Imax-Kino
Brezelfest (zweites Juliwochenende), das größte Volksfest am Oberrhein
Fastnachtsmarkt
Altstadtfest (September)

Steinfeld
Kakteenland Bisnaga

Information

67227 Frankenthal, Verkehrsverein, Rathausplatz 2
76870 Kandel, Verbandsgemeindeverwaltung, Gartenstraße 2
67059 Ludwigshafen am Rhein, Verkehrsverein, Pavillon am Hauptbahnhof
67346 Speyer, Städtisches Verkehrsamt, Maximilianstraße 11, Tel. (0 62 32) 43 92, Fax 1 42 39

Die Haardt

Steil fällt der östliche Gebirgsrand des Pfälzerwaldes, die sogenannte Haardt, zur Oberrheinischen Tiefebene ab. Entlang der hügeligen, lößbedeckten Gebirgsausläufer erstreckt sich ein sonnenverwöhnter Landstrich, der mit zahlreichen Naturschönheiten und kulturellen Sehenswürdigkeiten aufwartet. Malerische Burgruinen auf den bewaldeten Anhöhen wachen über schmukken Winzerdörfer inmitten von Weinbergen. Schier endlos scheint das Rebenmeer, das im Herbst am schönsten ist, wenn das Weinlaub in leuchtenden Gelb- und Rottönen erstrahlt. Ein überdurchschnittlich mildes Klima läßt eine mediterran anmu-

Sehenswertes und Informatives

tende Vegetation mit Eßkastanien, Feigen und sogar Zitronen gedeihen. Schon im zeitigen Frühjahr eröffnen Mandeln, Zwetschgen und Mirabellen einen bunten Blütenreigen, gefolgt von Pfirsichen und Aprikosen.

Vom Deutschen Weintor in Schweigen-Rechtenbach an der französischen Grenze bis Bockenheim zieht sich die knapp 90 Kilometer lange Touristikroute der *Deutschen Weinstraße*. Ihr nördlicher Abschnitt zwischen Bockenheim und Neustadt heißt »Mittelhaardt – Deutsche Weinstraße«, daran anschließend verläuft bis Schweigen-Rechtenbach die »Südliche Weinstraße«. Vorbildlich ist das gut ausgebaute Wander- und Radwegenetz, das dazu einlädt, die Deutsche Weinstraße nicht nur mit dem Auto, sondern auch zu Fuß oder mit dem Fahrrad zu erkunden.

Deutsches Weintor in Schweigen-Rechtenbach (Foto: Klaus Thiele)

Sehenswertes

Annweiler am Trifels
Heimat- und Gerbermuseum
Waldmuseum
Historischer Straßenmarkt
Reichsburg Trifels

Bad Bergzabern
Gasthaus »Zum Engel«, bedeutendes Renaissancehaus
Renaissanceschloß (1556/79)
Zinnfigurenmuseum im Wilmschen Haus

Bad Dürkheim
Kurgarten mit 333 m langem Gradierwerk der Saline (1847)
Freizeitbad Salinarium
Größtes Holzfaß der Welt
Heimatmuseum mit Weinmuseum
Pfalzmuseum für Naturkunde (Pollichia-Museum) in der historischen Herzogsmühle in Grethen
Wurstmarkt (September)
Käskönigfest (Pfingsten)
Gotische Schloßkirche sowie ehemalige Klosterkirche aus dem 12./13. Jahrhundert in Seebach
Ruine Hardenburg
Klosterruine Limburg
Krimhildenstuhl (ehemaliger römischer Steinbruch)
Heidenmauer am Krimhildenstuhl, eine 1800 m lange keltische Ringmauer

Deidesheim
Katholische Pfarrkirche St. Ulrich (1440/80), leicht schiefer Turm
Deichelgasse, auch Feigengasse, mit zahlreichen Feigenbäumen
Museum für Weinkultur
Museum für Kino-/Fototechnik
Historische Geißbockversteigerung (Pfingstdienstag)
Heidenlöcher, Reste einer karolingischen Fliehburg

Dirmstein
Adelshöfe und Patrizierhäuser
Ehemalige Wasserburg
Barocke Laurentiuskirche (1742/43 nach einem Entwurf von Balthasar Neumann)

Dörrenbach
Stattliches Renaissance-Rathaus
Wehrfriedhof mit Wehrkirche

Edenkoben
Heimat- und Weinbaumuseum
Schloß »Villa Ludwigshöhe«, die ehemalige Sommerresidenz König Ludwigs I., mit einer Gemäldesammlung des Impressionisten Max Slevogt
Sessellift zur Ruine Rietburg
Weinfest der Südlichen Weinstraße (3. Septemberwochenende)

Freinsheim
Sehenswerte Altstadt, auch »pfälzisches Rothenburg« genannt
Spätmittelalterliche Stadtmauer mit Toren und Wehrtürmen,
Handwerkermuseum
Hahnenfest (Pfingsten)

Klingenmünster
Klosterkirche der ehemaligen Benediktinerabtei
Burgruine Landeck

Lambrecht
Pfarrkirche (14. Jh.)
Kurpfalzpark
Kuckucksbähnel, dampflokgetriebene Museumsbahn von Lambrecht nach Elmstein

Landau in der Pfalz
Deutsches und Französisches Tor
Fort (heute Universität)
Stadtmuseum in der Villa Mahla

Sehenswertes und Informatives

Frank-Loebscher-Haus, Ausstellung zur Geschichte der Juden in Landau
Zoo
Maimarkt
Blumenkorso (September)
Fest des Federweißen (Oktober)
Herbstmarkt

Leinsweiler
Hofgut Neukastell (Slevogthof)
Burgruine Neukastell
Leinsweiler Musikwochen

Maikammer
Alsterweiler Kapelle mit wertvollem spätgotischen Flügelalter (1445)

Neuleiningen
Mauernumwehrtes Burgdorf von malerischem Charakter
Burgruine Neuleiningen

Neustadt an der Weinstraße
Stiftskirche, bedeutendes gotisches Bauwerk
Deutsches Weinlesefest mit großem Winzerfestzug
Eisenbahnmuseum am Hauptbahnhof
Kuckucksbähnel nach Elmstein
Heimatmuseum, Villa Böhm
Herrenhof im Stadtteil Mußbach (Kulturzentrum mit Weinbaumuseum)
Hambacher Schloß

Rhodt unter Rietburg
Pittoreskes Winzerdorf mit malerischen Straßenzügen
Historische Fachwerkhäuser in der Theresienstraße
Ältester Weinberg Europas
Heimat- und Blütenfest

St. Martin
Martinsfest (11. November)

Wachenheim
Historische Altstadt mit Fachwerkhäusern, schloßähnlichen Weingütern und ehemaligen Adelshöfen
Ruine der Wachtenburg
Freiluftmuseum mit ausgegrabenem römischen Gutshof

Information

76855 Annweiler, Büro für Tourismus, Rathaus, Hauptstraße 20, Tel. (0 63 46) 22 00, Fax 79 17
76887 Bad Bergzabern, Kurverwaltung, Kurtalstraße 25, Tel. (0 63 43) 93 40 15, Fax 54 89
67098 Bad Dürkheim, Städtisches Verkehrsamt, Mannheimer Straße 24, Tel. (0 63 22) 9 35-1 56, Fax 9 35-1 59
67146 Deidesheim, Amt für Fremdenverkehr, Bahnhofstraße 11, Tel. (0 63 26) 50 21, Fax 50 23
67480 Edenkoben, Verkehrsamt, Poststraße 23, Tel. (0 63 23) 32 34
76829 Landau, Büro für Tourismus Südliche Weinstraße e.V., Marktstraße 50, Tel. (0 63 41) 13 18 11 80, Fax 1 31 95
67487 Maikammer, Tourist-Information, Marktstraße 1, Tel. (0 63 21) 58 99-17
67434 Neustadt a.d.W., Tourist-, Kongreß- und Saalbau-GmbH, Bahnhofstraße 1, Tel. (0 63 21) 92 68-92, Fax 92 68-91
76835 Rodt unter Rietburg, Fremdenverkehrsverein, Durlacher Hof, Tel. (0 63 23) 98 00 79, Fax 98 00 79
67157 Wachenheim, Verkehrsamt, Weinstraße 16, Tel. (0 63 22) 6 08 32

Gräfenstein bei Merzalben (Foto: Michael Klees)

Sehenswertes und Informatives

Familienausflug im Wild- und Wanderpark Südliche Weinstraße bei Silz
(Foto: Südliche Weinstraße e.V.)

Der Pfälzerwald

Der Pfälzerwald bildet das größte geschlossene waldbedeckte Mittelgebirge Deutschlands. Dichte Wälder, bizarre Felsen und romantische Burgen prägen das sehr dünn besiedelte Bergland, das sich zwischen dem Elsaß im Süden und dem Nordpfälzer Bergland erstreckt. Im Westen liegt das offene Hügelland des Westrich. Die Kalmit am östlichen Steilabfall des Gebirges zur Rheinebene bildet mit 673 Metern die höchste Erhebung des Pfälzerwaldes, während die mittlere Höhenlage des Waldgebirges zwischen 400 und 600 Metern liegt.

Der warme, rötliche Farbton des Buntsandsteins prägt den Charakter des Pfälzerwaldes. Das Bergland ist stark zertalt und weist vielfältige Felsformationen auf, die durch Verwitterung und Abtragung entstanden sind. Markante Felsen wie der »Teufelstisch« (bei Hinterweidenthal) und der »Maiblumenfelsen« (östlich Lemberg) sind geradezu das Wahrzeichen des Pfälzerwaldes. Viele Felswände bilden ein Paradies für Kletterer. Die großartigsten Felsen liegen im sogenannten *Dahner Felsenland* um den gleichnamigen Ort. Mit ihren herrlichen Felsbildungen gilt diese Gegend als eine der schönsten Buntsandstein-Landschaften auf europäischem Boden. Das Dahner Felsenland bildet einen Teil des *Wasgau,* wie der südliche, an das Elsaß grenzende Teil des Pfälzerwaldes auch genannt wird. Sein vielgestaltiges, offenes Bergland bildet ein buntes Wechselspiel aus Wäldern, Kuppen, Feldern und kleineren Ortschaften.

Auf den kargen Gebirgsböden des Pfälzerwaldes stocken überwiegend Nadelbäume, darunter vor allem Kiefern und Fichten. Ackerbau war auf diesen Böden nie rentabel, so daß sich die Wälder zur Freude von Erholungssuchenden in großer Geschlossenheit erhalten haben. Den wenigen Menschen, die im Gebirge siedelten, bot nur die Waldwirtschaft eine gewisse Existenzgrundlage – zum Beispiel die Nutzung als Waldweide oder in Form von Köhlerei. Ein weiterer Wirtschaftszweig war bis Anfang dieses Jahrhunderts der Bergbau (Eisen und Blei). Von Pirmasens nahm Ende des 18. Jahrhunderts die Schuhindustrie ihren Ausgang.

Sehenswertes

Altleiningen
Stammburg der Grafen von Leiningen (Burgspiele)
Schwimmbad im Burggraben
Überreste einer romanischen Klosteranlage in Höningen

Busenberg
Sechshundertjährige Friedenslinde am Lindenplatz
Burgruine Drachenfels

Dahn
Burgen Altdahn (Burgmuseum), Grafendahn und Tannstein auf dem Schloßberg
Jungfernsprung (65 m hoher Felsen)
Dahner Sommerspiele mit Theater- und Musikaufführungen

Eisenberg
Besucherbergwerk Reindlstollen (ehemalige Tongrube)

Elmstein
Burgruine Elbenstein
Waldarbeitermuseum
Historische, durch Wasserkraft angetriebene Wappenschmiede
Kuckucksbähnel (Museumszug)
Burgruinen Breitenstein, Erfenstein und Spangenberg

Eppenbrunn
Lourdesgrotte
Wald- und Heimatmuseum
Eppenbrunner Weiher

Erlenbach
Burg Berwartstein
Seehofweiher

Frankenstein
Burgruinen Frankenstein und Dimarstein

Göllheim
Mittelalterliche Stadtmauer
Barockbau des Rathauses (1786)
Heimatmuseum im Uhlschen Haus

Hauenstein
Deutsches Museum für Schuhfabrikation

Nothweiler
Schaubergwerk Eisenerzgrube Nothweiler
Ruine Wegelnburg

Pirmasens
Altes Rathaus (1770) mit Schuhmuseum
Erlebnisbad Plub

Sehenswertes und Informatives

Rodalben
Barocke Marienkirche
Burg Gräfenstein bei Merzalben

Silz
Beliebter Badesee am westlichen Ortsrand
Wild- und Wanderpark Südliche Weinstraße

Trippstadt
Schloß mit Forstlicher Versuchsanstalt
Burgruine Wilenstein

Waldfischbach-Burgalben
Wallfahrtskirche Maria Rosenberg (12. Jh.)
Heidelsburg

Information

66994 Dahn, Fremdenverkehrsbüro, Schulstraße
67471 Elmstein, Verkehrsamt, Bahnhofstraße 14, Tel. (0 63 28) 2 34, Fax 82 33
66957 Eppenbrunn, Verkehrsamt
76846 Hauenstein, Verkehrsamt im Rathaus
66969 Lemberg, Fremdenverkehrsverein, Hauptstraße 25
66953 Pirmasens, Büro für Touristik, Kreisverwaltung, Unterer Sommerwaldweg 40–42, Tel. (0 63 31) 8 42-3 55, Fax 9 94 09
66976 Rodalben, Fremdenverkehrsbüro Gräfensteiner Land, Am Rathaus 9
66976 Rodalben, Tourist-Information, Hauptstraße 11
67705 Trippstadt, Verkehrsamt
67714 Waldfischbach-Burgalben, Fremdenverkehrsbüro, Hauptstraße 52

Burgküche in der Burg Berwartstein (Foto: Michael Klees)

Westrich und Sickinger Höhe

Westlich des Pfälzerwaldes, d.h. ungefähr westlich der Linie Pirmasens – Kaiserslautern, und südlich des Landstuhler Bruchs erstreckt sich der Westrich. Dieses offene Hügelland, in dem Wälder und Felder miteinander wechseln, wird auch als Südwestpfälzische Hochfläche bezeichnet; ihre Höhe liegt zwischen 380 und 480 Metern. In ihrer Mitte liegt die fruchtbare, vielfach ackerbaulich genutzte Muschelkalkhochfläche der Sickinger Höhe. In den tief eingeschnittenen, schluchtartigen Tälern tritt der unter der Muschelkalkdecke liegende Buntsandstein felsig zutage. Die Felsen an den bewaldeten Talhängen vermitteln der Landschaft ein wildromantisches Gepräge.

Sehenswertes

Herschberg
Herschberger Pferderennen (Juni)

Hornbach
Stadtmauer mit Graben
Ruine der ehemaligen Klosterkirche St. Pirmin

Zweibrücken
Ehemaliges herzogliches Schloß (1720/30)
Alexanderkirche (1493–1507)
Rosengarten auf dem Gelände der herzoglichen Hofgärten
Wildrosengarten in der Fasanerie
Stadtmuseum
Mannlichmuseum
Fossilienmuseum
Erlebnisbad Badeparadies
Rheinland-pfälzisches Landesgestüt

Information

66482 Zweibrücken, Verkehrsamt, Schillerstraße 6

Kaiserslautern und das Nordpfälzer Bergland

Zwischen Kaiserslautern und Homburg verläuft eine etwa 30 km lange und mehrere Kilometer breite Senke, der heute die Autobahn A 6 folgt. Dieser sogenannte *Landstuhler Bruch*, naturhistorisch auch als *Westpfälzische Moorniederung* bekannt, bildete bis vor etwa zweihundert Jahren ein riesiges Sumpfgebiet, aus dem sich lediglich kleinere sandige Bereiche heraushoben. Durch Entwässerungsgräben konnte man den Landstrich allmählich trockenlegen, um den Torf als Brennstoff zu stechen.

Sehenswertes und Informatives

Erst 1951 wurde der Torfabbau eingestellt. Leider ist die einstige Moorlandschaft nur in einem kleinen Bereich erhalten.

Nördlich des Landstuhler Bruchs und des Pfälzerwaldes erstreckt sich das Nordpfälzer Bergland. Offenes Ackerland wechselt mit kleineren Waldgebieten; heimelige Dörfer und schmucke Städtchen schmiegen sich in die Landschaft. Beherrscht wird das Nordpfälzer Bergland von dem mächtigen Porphyrmassiv des *Donnersbergs*. Mit 687 Metern Höhe bildet dieser freistehende Gebirgsstock die höchste Erhebung der Pfalz. Er entstand im frühen Erdmittelalter (vor rund 200 Millionen Jahren), als glutflüssige Gesteinsschmelze aus dem Erdinnern emporströmte, ohne jedoch bis zur Oberfläche vorzudringen. Die in der Erdkruste erstarrte Magma wurde in den darauffolgenden Jahrmillionen durch die Kräfte der Erosion allmählich freigelegt und bildet den heutigen Gebirgsstock.

Schon in grauer Vorzeit war der Donnersberg besiedelt. Im 2. Jh. v. Chr. errichtete der keltische Stamm der Treverer auf der Anhöhe eine stadtähnliche Siedlung (Oppidum), die von einer über 8,5 km langen Ringmauer aus Holz und Steinen umgeben war. Diese Anlage bildete eine der größten keltischen Siedlungen in Europa. Später errichteten die Römer auf dem Donnersberg einen Tempel. Auch den Germanen war der Berg heilig, wie aus der Benennung nach dem Gott Donar hervorgeht. Bereits in römischer Zeit begann der Bergbau; geschürft wurden Kupfer- und Eisenerz. Im 13. Jahrhundert blühte der Bergbau erneut auf, bis er Anfang dieses Jahrhunderts zum Erliegen kam.

Burg Lichtenberg (Foto: Heinz Wittner)

Sehenswertes

Alsenz
Renaissance-Rathaus (1530), Museum für Heimatgeschichte
Brunnen- und Weinfest (Juni)

Altenglan
Wildpark Potzberg

Bolanden
Kloster Hane mit spätromanischer Klosterkirche
Ehemaliger Friedhof mit wertvollen alten Grabsteinen

Bosenbach
Romanischer Chorturm (12. Jh.) der sogenannten Wolfskirche im alten Friedhof

Dannenfels
Dick Kescht, 600jährige Edelkastanie mit 9 m Stammumfang
Museum zur Heimatgeschichte und Naturkunde im Donnersberghaus

Ebernburg
Ehemaliges Amtshaus (1556) mit Treppenturm
Romanische Kirche St. Johannes
Ruine Ebernburg

Enkenbach-Alsenborn
Quelle der Alsenz mit Brunnenhäuschen und Waschbänken
Klosterbrunnen in Enkenbach
Klosterkirche St. Norbert (1220/72) mit prächtigem Westportal

Falkenstein
Burgruine Falkenstein
Freistehender Kirchturm

Glan-Münchweiler
Spätklassizistische Pfarrkirche
Mühle am Glan (ehemaliges Herrenhaus von 1815)
Quirnbacher Pferdemarkt

Imsbach
Besucherbergwerk Weiße Grube
Bergmannshäuser im alten Ortsteil Bergschmitt
Heimatmuseum Bergmannshaus
Steinemuseum

Kaiserslautern
Barbarossaburg (1151/58)
Casimirsaal
Pfalzgalerie
Burgruine Hohenecken
Strandbad Gelterswoog
Tierpark Siegelbach
Maimarkt
Altstadtfest (Juli)
Weihnachtsmarkt

Kindsbach
Bärenloch (Bergschlucht mit riesigen Sandsteinblöcken)
Römisches Quellheiligtum bei den Heidenfelsen
Römische Ringmauer auf dem Großen Berg

Kirchheimbolanden
Reste der Stadtbefestigung
Schloß mit Schloßpark
Ehemalige Schloßkirche
Heimatmuseum
Kulinarischer Frühling (März)
Kerschekerb (Juli)
Keschdekerb (Oktober)

Kusel
Klosterkirche St. Remigius
Ruine der Michelsburg
Heimatmuseum
Albert-Zink-Archiv für Heimatkunde
Bade- und Freizeitpark
Märchenwald auf dem Geisberg
Steinbruch-Museum in Rammelsbach (Melaphyr-Abbau)
Kuseler Herbstmesse (September)
Hutmacherfest (Juni)

Sehenswertes und Informatives

Landstuhl
Burgruine Nanstein (von Juni bis August Freilichtspiele)
Kirche St. Andreas, Grabmal des Ritters Franz von Sickingen
Sickingen-Hohenburger Stadtpalais (1745; »Goldener Adler«)
Sickingisches Amtshaus (1770)
Ehemalige Zehntscheuer (1734)
»Sickinger Würfel« Marktplatz
Heilig-Kreuz-Kapelle mit spätgotischen Wandmalereien (um 1450)
Naturschutzgebiet Geißweiher
Fleischhackerloch, eine wildromantische Felsenschlucht

Nußbach
Hochwildschutzpark Königsland
Nordpfälzer Grumbeere-Fescht

Obermoschel
Ruine der Moschellandsburg
Burgruine Montfort

Odenbach
Stadtmauer
Renaissance-Rathaus (16. Jh.)

Offenbach-Hundheim
Ehemalige Klosterkirche St. Maria in Offenbach, ein Kleinod rheinischer Frühgotik (nach 1220)
Hirsauer Kapelle St. Alban mit romanischem Chorturm (1106)

Otterberg
Kirche des ehemaligen Zisterzienserklosters (»Dom von Otterberg«, 1163–1254)
Heimatmuseum im Alten Rathaus

Reipoltskirchen
Wasserburg

Rockenhausen
Rathaus
Ehemaliges Schloß (16. Jh.) mit Schloßgarten
Nordpfälzer Heimatmuseum
Pfälzisches Turmuhrenmuseum »Uhrenstube«

St. Julian
Romanischer Turm der ehemaligen Wallfahrtskirche (12. Jh.)
Museums-Ölmühle

Thallichtenberg
Burg Lichtenberg (um 1200)
Zehntscheune mit dem Musikantenland-Museum

Wolfstein
Barockes Rathaus (1753)
Stadttor (1565)
Heimatmuseum
Burgen Altwolfstein und Neuwolfstein
Kalkbergwerk

Information

66885 Altenglan, Verbandsgemeindeverwaltung, Schulstraße 7
67677 Enkenbach-Alsenborn, Verbandsgemeindeverwaltung
66907 Glan-Münchweiler, Verbandsgemeindeverwaltung
67653 Kaiserslautern, Verkehrs- und Informationsamt, Willy-Brandt-Platz, Tel. (06 31) 3 65-23 17, Fax 3 65-27 23
67292 Kirchheimbolanden, Donnersberg-Touristik-Verband e.V., Uhlandstraße 2, Tel. (0 63 52) 17 12, Fax 4 01-2 62
66869 Kusel, Tourist-Information, Trierer Straße 41
66849 Landstuhl, Verbandsgemeindeverwaltung, Kaiserstraße 49
67697 Otterberg, Verkehrsamt, Hauptstraße 27
66901 Schönenberg-Kübelberg, Verbandsgemeindeverwaltung
67752 Wolfstein, Verbandsgemeindeverwaltung, Bergstraße 2

Die Pfalz erleben per pedale

Die vielgestaltigen Landschaften der Pfalz sind zum Radwandern wie geschaffen und bieten Touren für jeden Geschmack. Abseits der stark befahrenen Hauptstraßen läßt es sich auf Nebenstraßen sowie Feld- und Waldwegen herrlich radeln. Angesichts sehr unterschiedlicher Geländeverhältnisse sind in der Pfalz alle Schwierigkeitsgrade anzutreffen. Die flache fruchtbare Rheinebene lädt zu bequemen Ausflügen ein. Besonders reizvoll und für untrainierte Radfahrer ideal sind Touren durch die naturnahen Auenwälder am Rhein und seinen Altläufen. Ohne nennenswerte Steigungen kann man hier stundenlang ungestört radeln. An der Haardt mit den Ausläufern des Pfälzerwaldes sind die Geländeverhältnisse wesentlich anspruchsvoller. Auf und ab geht es entlang der sonnenverwöhnten Weinstraße, aber die wunderschönen historischen Ortschaften, das sanftgeschwungene Rebland und der von malerischen Burgen gekrönte Gebirgsrand lassen so manche Anstrengung schnell wieder vergessen. Im tiefen Pfälzerwald kann man auf einsamen Waldwegen ungestört radfahren, aber hier wie im vielgestaltigen Nordpfälzer Bergland mit dem mächtigen Donnersberg ist mit größeren Steigungen zu rechnen. Ruhe und Abgeschiedenheit auf diesen Wegen entschädigen jedoch für alle Strapazen. Gemächlicher läßt es sich im offenen Hügelland des Westrichs radeln. Abseits der großen Ortschaften und Verkehrsströme kann man hier eine wunderschöne Landschaft von ganz eigenem Reiz entdecken. Viele Radwanderwege in der Pfalz sind einheitlich mit einem grünen Schild (Fahrrad-Symbol, Pfeil und Ortsangabe) versehen, die bei der Orientierung sehr nützlich sind.

Die folgenden Touren sollen nicht zu sportlichen Höchstleistungen anregen, sondern Vorschläge sein, die Pfalz mit Freude und Muße zu erkunden.

◀ **Radtour in Leinsweiler an der Südlichen Weinstraße**

(Foto: Südliche Weinstraße e. V.)

1 Kandel – Bienwaldhütte – Büchelberg – Scheibenhardt – Schaidt – Freckenfeld – Minfeld – Kandel

Tourenlänge 35 km.
Fahrzeit 3 Stunden.
Höhenunterschiede Keine.
Karten 1:50000 L 6914 Landau in der Pfalz, L 7114 Rastatt, Wandern und Radwandern in der Südpfalz; 1:200000 Generalkarte Blatt 18.
Tourenbeschreibung Die Fahrt beginnt in der Jahnstraße in *Kandel* und führt zunächst in westlicher Richtung am »Grenzlandstadion« vorbei den »Dörniggraben« entlang. Am Ende des Weges links in den Bienwald einbiegen zur *Bienwaldhütte* (3 km) mit einem Kinderspielplatz. Dort rechts abbiegen zur

Kandel, St.-Georg-Turm (Foto: Heinz Wittner)

Die Pfalz erleben per pedale

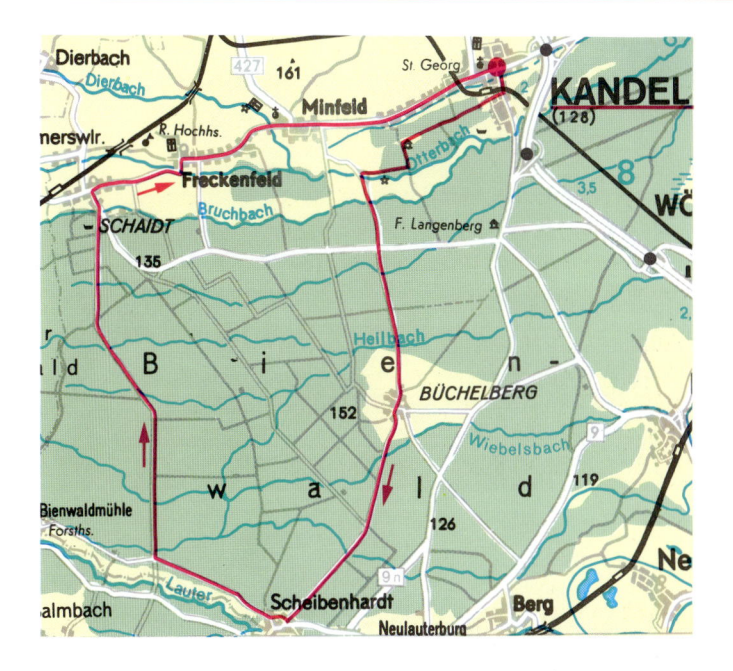

Hardt-Mühle (1 km), die am langsam dahinfließenden Mühlbach in einem schönen Wiesengelände liegt. Jetzt in südlicher Richtung auf der kaum befahrenen Straße Minfeld – Büchelberg geradeaus durch den Bienwald nach *Büchelberg* (5 km) und weiter durch die Rodungssiedlung nach Süden bis nach *Scheibenhardt* (5 km). Von hier aus rechts abbiegen auf die Straße Richtung »Bienwaldmühle«. Man folgt dieser Straße bis zum Wegweiser »Schaidt« (nach etwa 2,5 km), um dann diesem Wegweiser nach in nördlicher Richtung durch den Bienwald zu fahren. Man kommt an dem sehr schön gelegenen ruhigen Rastplatz »Weißes Kreuz« vorbei, wo der Bienwald-Wanderweg kreuzt, und schließlich erreicht man am nördlichen Ende des Bienwaldes den Ort *Schaidt* (12 km). Von hier aus rechts durch die Hauptstraße gelangt man auf dem Radweg nach *Freckenfeld* (2 km) und nach *Minfeld* (1 km). Weiter in östlicher Richtung, mit Blick rechts zum Bienwald und geradeaus auf den Kirchturm von Kandel, erreicht man diesen langgezogenen Ort auf dem Radweg. Jetzt sind noch 2,5 Kilometer bis zur Stadtmitte von *Kandel* (4 km) zurückzulegen.

Schloß in Bad Bergzabern (Foto: Michael Klees)

2 Bad Bergzabern – Birkenhördt – Vorderweidenthal – Erlenbach – Bobenthal – St. Germanshof – Bad Bergzabern

Tourenlänge 34 km. **Fahrzeit** 3½ – 4 Stunden.
Höhenunterschiede 120 Meter auf 3,5 Kilometer vor und nach Birkenhördt in Richtung Vorderweidenthal; 150 Meter auf 4 Kilometer vom Wieslautertal bei St. Germanshof durch das Reisbachtal bis zum Sattel zwischen Reisdorf und Böllenborn.
Karten 1:50000 L 6912 Bad Bergzabern, Wandern und Radwandern in der Südpfalz; 1:200000 Generalkarte Blatt 18.
Tourenbeschreibung Vom Kurbad und Kurpark mit schönen Anlagen und einem großen Weiher zunächst in westlicher Richtung im Erlenbachtal in die Berge des Wasgaus auf der stärker befahrenen B 427 nach *Birkenhördt* (5 km). Hinter dem Ort auf die ruhige Straße – ansteigend – in mehreren Kurven, an der Abzweigung nach der Felsen-Burgruine »Lindelbrunn« vorbei. Abfahrt nach *Vorderweidenthal* (4 km) in das Tal, das ebenfalls Erlenbachtal heißt. Über *Sägmühle* (1 km) und nach Überquerung der B 427 (Vorsicht!) nach *Erlenbach b. Dahn* (1 km) unterhalb des »Berwartstein«, zu dem eine Straße führt (50 m Höhenunterschied) und dessen Besuch lohnenswert ist.

Die Pfalz erleben per pedale

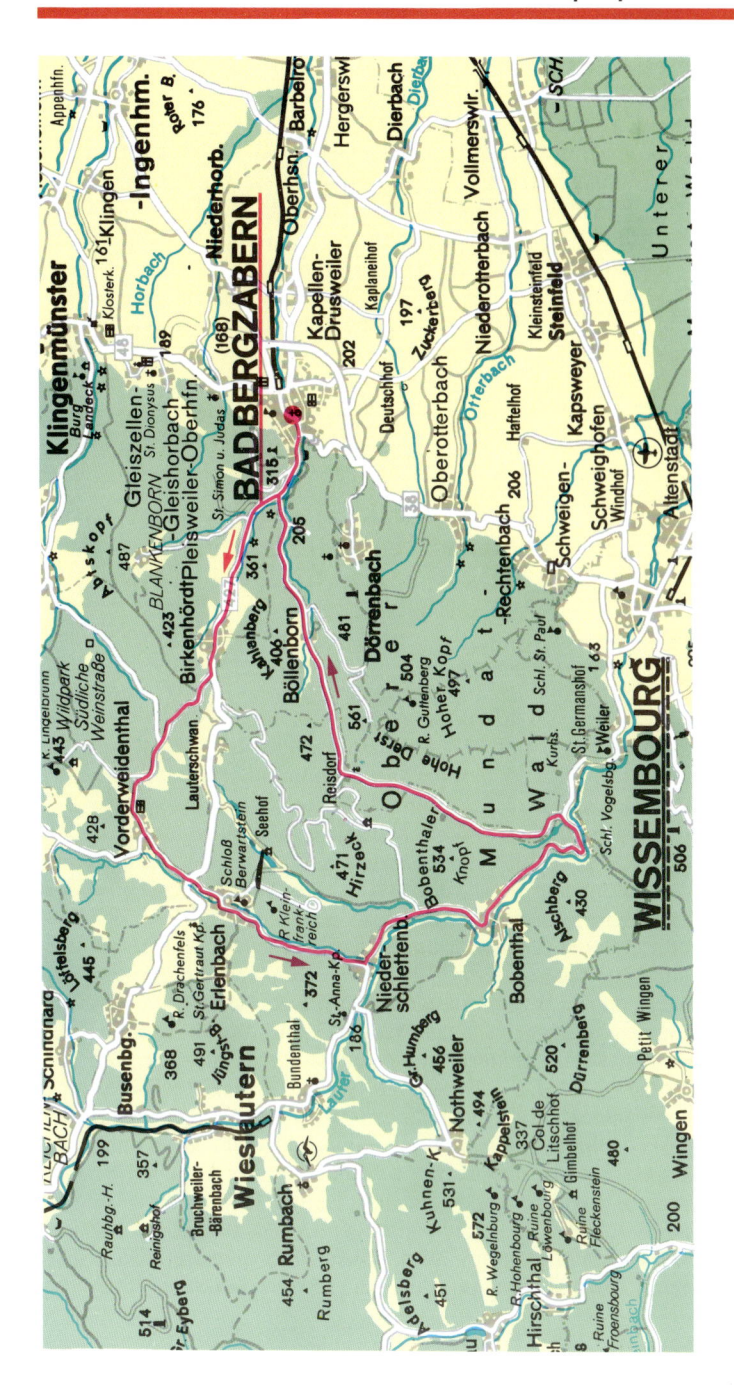

Weiter durch das anmutige Tal des Erlenbachs, das bei *Niederschlettenbach* (3 km) in das Tal der Wieslauter einmündet. Durch dieses Tal abwärts nach *Bobenthal* (2 km) und dann weiter in sanften Kurven eng zwischen den vorwiegend mit südländisch anmutenden Kiefernwäldern bewachsenen Buntsandsteinbergen hindurch bis kurz vor *St. Germanshof* (4 km), um dann links in das Reisbachtal einzubiegen. Durch dieses liebliche Tal – leicht ansteigend – zu dem ruhig gelegenen Weiler *Reisdorf* (6 km), wo die schmale, aber gut ausgebaute Straße einen scharfen Knick – bergauf – nach Osten nimmt. Über den Sattel zwischen dem »Großen Eichelberg« und der »Hohen Derst« Abfahrt nach *Böllenborn* (3 km) und weiter auf ruhiger Waldstraße in einem kleinen Tälchen nach *Bad Bergzabern* (5 km).

3 Landau – Arzheim – Leinsweiler – Eschbach – Klingenmünster – Ingenheim – Herxheim – Landau

Tourenlänge 40 km. **Fahrzeit** 3–4 Stunden.
Höhenunterschiede Kleinere Steigungen von etwa 30 Meter auf 1 bis 2 Kilometer vor Ilbesheim, Leinsweilerhof, Nervenklinik Landeck, zwischen Herxheim und Offenbach.
Karten 1:50 000 L 6914 Landau in der Pfalz, L 6714 Neustadt an der Weinstraße, Wandern und Radwandern in der Südpfalz; 1:200 000 Generalkarte Blatt 18.
Tourenbeschreibung Vom Westbahnhof in *Landau* in westlicher Richtung auf dem Radweg der B 10 entlang zum Ortsteil Wollmesheimer Höhe. Dort dem Wegweiser »Arzheim« folgend, leicht ansteigend, nach *Arzheim* (3 km). Durch den Ort unterhalb der Kleinen Kalmit nach *Ilbesheim* (2 km) durch den Dorfmittelpunkt, dann zur Straße Richtung Leinsweiler mit Blick auf die harmonisch gestalteten Berge des Pfälzer Waldes und des Wasgaus nach *Leinsweiler* (3 km). Am Brunnen in der Ortsmitte links abbiegen und – leicht ansteigend – in südlicher Richtung zum *Leinsweilerhof* 1 km) und von dort abwärts nach *Eschbach* (2 km). Am südlichen Ortsausgang zur Umgehungsstraße und auf den Radweg, der links der Straße läuft, unterhalb der Madenburg zum Kaiserbach hinunter, der auf einer Brücke überquert wird. Gleich danach unter der B 48 hindurch und in die Baumallee, die – leicht ansteigend – geradewegs in die *Pfalzklinik Landeck* (3 km) führt (Durchfahrt gestattet). Von hier weiter nach Süden unterhalb der Ruine Landeck durch die

Die Pfalz erleben per pedale

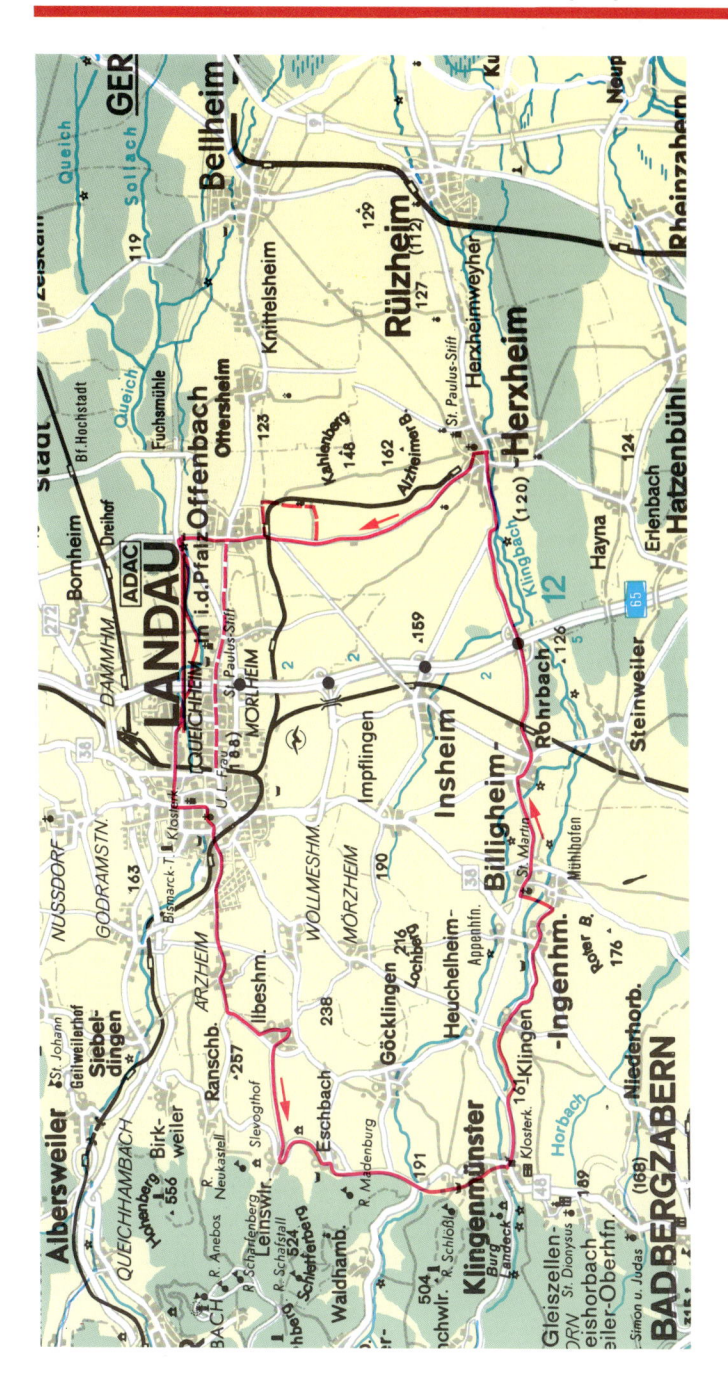

Hayna, eines der schönsten Fachwerkdörfer der Pfalz (Foto: Heinz Wittner)

Weinberge abwärts nach *Klingenmünster* (1 km). Im Ortsmittelpunkt links nach Osten hin abbiegen und an dem August-Bekker-Denkmal und der ehemaligen Klosterkirche vorbei zum östlichen Ortsausgang. Nach etwa 1 Kilometer biegt man von der Klingbachbrücke auf die kleine Straße nach *Klingen* (3 km) ab. Weiter durch das Klingbachtal nach *Ingenheim* (2 km) bis zum Ortsanfang von *Mühlhofen* (1 km). Dort links abbiegen und über die Brücke des Klingbaches zum Obertor von *Billigheim* (1 km). Durch dieses Tor gelangt man in das Zentrum des Ortes mit seiner sehenswerten Kirche. Von Billigheim weiter in östlicher Richtung auf dem Radweg nach *Rohrbach* (2 km) und in gleicher Richtung auf dem Radweg über die Bahnlinie und über die Autobahn nach *Herxheim* (6 km). In der Ortsmitte von Herxheim links abbiegen und auf der leicht ansteigenden Straße durch das weite Ackerland nach *Offenbach* (6 km, zwei Drittel der Straße ist mit einem Radweg versehen). In Offenbach links Hauptstraße mit Radweg nach *Queichheim* (2 km). Am Ortseingang rechts zur Brücke und dann gleich links auf einem sehr schön ausgebauten Rad- und Wanderweg entlang der baumbestandenen Queich und weiter am Queichufer in östlicher Richtung wieder zurück durch die Straßen der Horst-Siedlung und über die Eisenbahnbrücke beim Hauptbahnhof nach *Landau* (2 km). (Man kann auch von Offenbach, Ortsmitte, entlang der Hauptstraße – mit Radweg – direkt über Mörlheim und Queichheim nach Landau fahren, das man beim Bahnhof erreicht.)

Die Pfalz erleben per pedale

Speyer – Reffenthal – Otterstadt – Waldsee – Schifferstadt – Speyer

4

Tourenlänge 25 km. **Fahrzeit** 2 Stunden.
Höhenunterschiede Keine.
Karten 1:50000 L 6716 Speyer, Wandern und Radwandern zwischen Rhein und Pfälzerwald; 1:200000 Generalkarte Blatt 15 und 18.
Tourenbeschreibung Vom Dom durch den Domgarten zur Hafenstraße durch die Franz-Kirrmeier-Straße in nördlicher Richtung auf dem Radweg (R 52) zum Rheinhauptdamm beim *Deutschhof* (3 km). Man folgt diesem asphaltierten Rheindammweg unter der Autobahn A 61 hindurch an den nördlich von Speyer gelegenen Baggerseen über »*Reffenthal*« (3 km) und immer weiter dem Damm entlang nach *Otterstadt* (2 km). Auf dem Dammweg am nordöstlichen Ortsrand von Otterstadt gelangt man in das Freizeit- und Erholungsgebiet des Otterstädter Altrheins, einer ruhigen markanten Auenlandschaft. Auch hier führt der überregionale Radwanderweg am Damm entlang in Richtung Ludwigshafen. Bei der *Altrhein-Klause* (3 km) links in den Wald abbiegen und auf dem Schlängelpfad entlang den

»Trimm-Dich-Stationen« nach *Waldsee* (2 km). In Waldsee Ortsmitte durch die Ludwig-, Haardt- und Gretenstraße zur Schifferstädter Straße, die dann mit Radweg durch fruchtbare Tabak-, Spargel-, Frühkartoffel- und Gemüsefelder über die Brücke der B 9 und schließlich durch ein Waldstück auf dem ausgeschilderten Radweg nach *Schifferstadt* (5 km) führt. In Schifferstadt in südlicher Richtung auf dem Radweg entlang der Straße Schifferstadt – Speyer durch den Schifferstädter und Speyerer Stadtwald zurück nach *Speyer* (8 km), das man am Wartturm erreicht, um auf dem Radweg der Wormser Landstraße, am Friedhof vorbei, in die Innenstadt zu fahren.

Speyer, Ölberg an der Südseite des Doms (Foto: Heinz Wittner)

Die Pfalz erleben per pedale

5 🚴

Neustadt/Weinstraße – Hambach – Maikammer – Edenkoben – Villa Ludwigshöhe – Rhodt – Edesheim – Großfischlingen – Venningen – Kirrweiler – Lachen-Speyerdorf – Neustadt

Tourenlänge 35 km. **Fahrzeit** 3–4 Stunden.
Höhenunterschiede 80 Meter auf 2 Kilometer von Neustadt nach Hambach; 50 Meter auf 1,2 Kilometer vor Ludwigshöhe.
Karten 1:50000 L 6714 Neustadt/Weinstraße, Wandern und Radwandern zwischen Rhein und Pfälzer Wald; 1:200000 Generalkarte Blatt 15.

Tourenbeschreibung Diese Radwanderung südlich von Neustadt führt fast immer durch Weinberge und durch malerische Winzerdörfer mit dem Blick auf die Pfälzer Berge und Burgen der Haardt. Von Neustadt Ortsmitte folgt man dem Schild »Deutsche Weinstraße«, die sich südlich des Bahnhofs in einigen großen Kurven hinauf zur Hambacher Höhe windet, um nach *Hambach* (4 km) zu gelangen. Weiter in südlicher Richtung auf der »Deutschen Weinstraße« nach *Diedesfeld* (1 km), am Berg-

Maikammer, Fachwerkhaus aus dem 17. Jahrhundert (Foto: Heinz Wittner)

rand oberhalb die Maxburg, das »Hambacher Schloß«, dann *Maikammer* (2 km) und *Edenkoben* (3 km). In der Stadtmitte rechts (Richtung Forsthaus »Heldenstein«) abbiegen und am ehemaligen Kloster Heilsbruck vorbei zunächst in westlicher Richtung bis zur Straße, die das Tiefenbachtal durchquert, auf die andere Talseite zur Straße Richtung »Ludwigshöhe«. Nach einem Anstieg erreicht man die *Ludwigshöhe* (3 km). Man kann aber auch vor der Ludwigshöhe am Waldrand links den Fußweg benutzen und das Fahrrad durch den Eßkastanienwald hinaufschieben. Sehr schöne Aussicht von der Terrasse des Schlosses auf die Weinstraße und die Rheinebene. Zurück bis zur Fußballschule und dort rechts die Straße – bergab – nach *Rhodt* (2 km) einschlagen. In Rhodt durch die vielbewunderte Theresienstraße zum südlichen Ortsausgang, in östlicher Richtung nach

Die Pfalz erleben per pedale

Edesheim (2 km). Durch die Ortsstraße von Edesheim in Richtung Bahnhof, dort die Bahnlinie Neustadt – Landau überqueren, dann über die Brücke der Autobahn A 65, gleich danach links, dann rechts in den asphaltierten Weg, der nach *Großfischlingen* (3 km) führt. Am Friedhof links abbiegen und zur Ortsmitte, dann in nördlicher Richtung durch ein flaches Wiesen- und Weidental nach *Venningen* (1 km) und in der gleichen Richtung durch die Weinberge nach *Kirrweiler* (2 km). In Kirrweiler geradeaus bis zum Friedhof mit der Rokoko-Kapelle, dort rechts abbiegen und gleich wieder links durch die für Autos gesperrte ehemalige Straße, die vorzüglich für Radfahrer geeignet ist, durch die Weinberge bis zur neuen Umgehungsstraße, auf deren Damm man rechts bis zur Einfahrt nach *Lachen-Speyerdorf* (5 km) fährt. Durch die Ortsmittelpunkte der Doppelgemeinde bis zur Straße nach Neustadt im nördlichen Ortsteil Speyerdorf (links) und dann auf dem Radweg dieser Straße über die Autobahnbrücke nach *Neustadt* (5 km).

Bad Dürkheim – Freinsheim – Kirchheim/Weinstraße – Battenberg – Bobenheim am Berg – Bad Dürkheim

6

Tourenlänge 28 km. **Fahrzeit** 3 Stunden.
Höhenunterschiede Vor Dackenheim 50 Meter auf 1,5 Kilometer; 40 Meter auf 1 Kilometer in und nach Kleinkarlbach; 120 Meter auf 2 Kilometer vor und in Battenberg; 40 Meter auf 1 Kilometer nach Weisenheim am Berg.
Karten 1:50000 L 6514 Bad Dürkheim; Wandern und Radwandern zwischen Rhein und Pfälzer Wald; 1:200000 Generalkarte Blatt 15.
Tourenbeschreibung Vom Dürkheimer Faß aus Straße in nordöstlicher Richtung zum Weinbauort *Ungstein* (2 km). Im Ortsmittelpunkt nach dem »Scharfen Eck« zum östlichen Ortsausgang, dort links in die Straße einbiegen, die durch weiträumige Weinberganlagen, später an einem alten Bildstock vorbei, auf einem Radweg parallel zur Straße nach dem Winzer- und Obstbauernort *Freinsheim* (4 km) führt. Rundfahrt durch die Ortsmitte. Von Freinsheim durch die Obstbaumfelder, später durch die Weinberge – ansteigend – und unter der Bahnlinie Bad Dürkheim – Grünstadt hindurch, nach *Dackenheim* (3 km). Am nördlichen Ortsausgang rechts dem Landwirtschaftsweg fol-

Dürkheimer Riesenfaß, größtes Faß der Welt   (Foto: Heinz Wittner)

Die Pfalz erleben per pedale

gen, zur Straße B 271, der man etwa 1,5 Kilometer entlangfährt nach *Kirchheim/Weinstraße* (3 km). Empfehlenswert eine kurze Ortsdurchfahrt. In westlicher Richtung den Ort wieder verlassen, durch das Eckbachtal mit Blick auf die Berge und die Bergstädtchen Neuleiningen und Battenberg auf dem Radweg rechts im Tal nach *Kleinkarlbach* (2 km). Im Ort links abbiegen, auf dem Radweg – ansteigend – Straße Richtung Bad Dürkheim, die am Haardtrand entlangführt. Nach 1 Kilometer rechts abbie-

»Blitzröhren« unter der Burgruine Battenberg (Foto: Heinz Wittner)

gend, und Auffahrt mit größerer Steigung nach *Battenberg* (3 km) mit den »Blitzröhren« am Straßenrand und dem herrlichen Blick über die Rheinebene. Die Abfahrt lohnt dann wieder den Aufstieg. Einbiegen in die obere »Weinstraße«, rechts Radweg nach *Bobenheim am Berg* (4 km) und weiter durch die am Haardtrand liegenden hübschen Winzerorte mit alten Kirchen und Fachwerkhäusern: *Weisenheim am Berg* (1 km) und *Leistadt* (2 km). Zwischen Weisenheim am Berg und Leistadt folgt man am besten dem grün ausgeschilderten Radweg durch die Weinberge = Wandermarkierung »roter Strich« des PWV. Weiter durch die Weinberge in südlicher Richtung. Abfahrt vom hochgelegenen Leistadt auf dem Radweg oberhalb der Straße nach *Bad Dürkheim* (4 km) im Tal der Isenach.

Burgruine Neuleiningen (Foto: Heinz Wittner)

7 Grünstadt – Neuleiningen – Wattenheim – Carlsberg – Altleiningen – Höningen – Grünstadt

Tourenlänge 30 km. **Fahrzeit** 3 Stunden.
Höhenunterschiede 120 Meter auf 3 Kilometer von Sausenheim über Neuleiningen (dort steilerer Anstieg) bis zur Autobahnunterführung, kurzer Anstieg von den Fischweihern bei der Hetschmühle in Richtung Carlsberg, ebenso hinter Altleiningen Richtung Höningen.
Karten 1:50000 L 6514 Bad Dürkheim, Wandern und Radwandern zwischen Rhein und Pfälzer Wald; 1:200000 Generalkarte Blatt 15.
Tourenbeschreibung Von *Grünstadt* Straße nach *Sausenheim* (2 km) und weiter nach *Neuleiningen* 2 km), wo anfangs der Kurve die Steigung beginnt, die in das Bergstädtchen führt. Auch nach dem Ort steigt die Straße allmählich an. Man sollte im Ort auf der Burg nicht die herrliche Aussicht auf die Rheinebene versäumen, wie auch auf der Straße nach Tiefenthal den Blick in das romantische bewaldete Altleininger Tal. Etwa 400 Meter vor der Autobahn links in einen asphaltierten Wirtschaftsweg (auch Wanderweg des Pfälzerwaldvereins mit Zeichen »grüner Strich«) einbiegen. Der Weg führt zum *Nakterhof* (4 km) und weiter auf etwa gleicher Höhe nach *Wattenheim*

Die Pfalz erleben per pedale

(3 km). Man fährt hier weiter aufwärts an der Schule und der Kirche vorbei bis zum Höhepunkt der Straße, um dann rechts – abwärts – in das Rothbachtal zu den Weihern an der Hetschmühle zu fahren. Durch den Wald in westlicher Richtung – leicht ansteigend – bis zur Höhe, wo man links hinunter in den Ort *Carlsberg* (4 km) fährt. Durch diese weiträumige Streusiedlung mit ihrem weithin sichtbaren Wasserturm gelangt man nach *Hertlingshausen* (1 km), wo man links abbiegt, um auf der Talstraße nach *Altleiningen* (3 km) zu gelangen. Hier lohnt sich ein Abstecher (weißes Schild) zur Burg Altleiningen. Vor dort wieder zurück am Ortseingang die Straße Richtung Höningen einschlagen, der man – nach kurzem Anstieg – in mehreren Kurven nach dem im Tale liegenden *Höningen* (3 km) folgt. Höningen mit seiner Klosterruine lädt zum Verweilen ein, um dann durch das anmutige Höninger Tal mit seiner Birkenallee zum Eckbachtal zwischen den beiden Bergstädtchen Neuleiningen und Battenberg über »Drahtzug« nach *Kleinkarlbach* (9 km) zu gelangen. Von hier aus links durch die Weinberge nach *Sausenheim* (1 km) und dann auf der Straße Sausenheim wieder zurück nach *Grünstadt* (2 km).

8 Zweibrücken – Tschifflick – Montbijou – Hornbach – Mittelbach – Zweibrücken

Tourenlänge 27 km. **Fahrzeit** 3 Stunden.
Höhenunterschiede 130 Meter auf 3 Kilometer von Zweibrücken zur Truppacher Höhe; 80 Meter auf 2 Kilometer hinter Hornbach Richtung Bickenaschbacherhof.
Karten 1:50 000 L 6710 Pirmasens Nord, L 6910 Pirmasens Süd, L 6908 Kleinblittersdorf; 1:200 000 Generalkarte Blatt 18.
Tourenbeschreibung Vom Zentrum der Stadt *Zweibrücken* aus dem grünen Richtungsschild Radweg Niederauerbach, dann Contwig in östlicher Richtung entlang des Schwarzbaches zu den Resten des ehemaligen Lustschlosses *Tschifflick* (2 km), vor Contwig rechts, dann bergauf durch die Truppacher Straße und unter der Autobahn hindurch zur »Truppacher Höhe«. Auf der Höhe zunächst links in etwa parallel zur A 62, dann rechts abbiegen zum *Heidelbingerhof* (7 km) und abwärts durch das Zwerchtal zum *Kirschbacherhof* (2 km), wo das Hornbachtal (Trualb) erreicht wird. Im breiten Tal des Hornbachs unterhalb des stattlichen Gutshofes *Montbijou* (3 km) mit seinem alten

Die Pfalz erleben per pedale

Baumbestand und weiter über *Dietrichingen* (1 km) und vor der Brücke nach *Mauschbach* (2 km) geradeaus auf der schmalen Straße bis nach *Hornbach* (1 km). Hier überquert man die Bundesstraße B 424, die zur französischen Grenze führt, dann weiter in westlicher Richtung bergan und über den breiten Höhenzug wieder abwärts zum *Bickenaschbacherhof* (4 km). Auf der Straße im Tal der Bickenalbe weiter nach *Mittelbach* (2 km) zum Hornbachtal und in das Zentrum zurück nach *Zweibrücken* (3 km), wobei man dem Radwegschild folgt.

Mittelbrunn, Ruine der gotischen Verena-Kapelle (Foto: Heinz Wittner)

9 Landstuhl – Oberarnbach – Obernheim – Kirchenarnbach – Hettenhausen – Wallhalben – Mittelbrunn – Landstuhl

Tourenlänge 30 km. **Fahrzeit** 3 Stunden.
Höhenunterschiede 200 Meter auf 3 Kilometer von Landstuhl auf die »Sickinger Höhe« Richtung Oberarnbach; 70 Meter auf 3 Kilometer von Mittelbrunn bis zur Höhe vor Landstuhl
Karten 1:50000 Rad- und Wanderkarte Kaiserslautern; 1:200000 Generalkarte Blatt 18.
Tourenbeschreibung Von *Landstuhl* in südlicher Richtung – bergauf, links ein kleiner Rad- und Gegweg – zum Höhenrandwulst der Sickinger Höhe und über einen kleinen Höhenzug, dann Abfahrt in das Arnbachtal, zuerst nach *Oberarnbach* (5 km), dann im Tal weiter nach *Obernheim* (3 km) zum Mittelpunkt des Tales *Kirchenarnbach* (1 km). Von hier weiter durch das jetzt noch anmutiger werdende Tal an *Neumühle* (2 km) vorbei nach *Hettenhausen* (1 km) und nach *Wallhalben* (4 km), wo von hier an die beiden Bäche Arnbach und Stuhlbach die Wallhalbe im schönen Wiesengrunde bilden. In Wallhalben über die Brücke und nun in nördlicher Richtung in das Stuhlbachtal

Die Pfalz erleben per pedale

bis zur *Knoppermühle* (2 km). Dort über die Brücke und aufwärts durch das reizende Tal nach *Mittelbrunn* (5 km). Jetzt steigt die Straße steiler an bis zur Höhe vor Landstuhl. Durch den Staatsforst erreicht man nach einer kurzen Abfahrt wieder *Landstuhl* (6 km).

Kaiserslautern – Vogelwoog – Weilerbach – Mackenbach – Miesenbach – Steinwenden – Spesbach – Landstuhl – Kindsbach – Kaiserslautern

Tourenlänge 40 km. **Fahrzeit** 3½ Stunden.
Höhenunterschiede 20 Meter auf 2 Kilometer zwischen Weilerbach und Mackenbach; 20 Meter auf 1 Kilometer zwischen Mackenbach und Miesenbach; 30 Meter auf 1,5 Kilometer nach Weltersbach.
Karten 1:50000 Rad- und Wanderkarte Kaiserslautern; 1:200000 Generalkarte Blatt 15.
Tourenbeschreibung Von *Kaiserslautern* zum Naherholungsgebiet »*Vogelwoog*« (ausgeschildert). Von dort folgt man dem Markierungszeichen »Blaues Kreuz« des Pfälzer Wald-Vereins durch den Wald, zunächst unter der Autobahn hindurch, und dann weiter zur Landstraße, der man rechts etwa 300 Meter folgt, um dann links einzubiegen auf die alte Straße nach *Siegelbach* (6 km). Weiter nach *Rodenbach* (3 km) und von hier auf dem Radweg, unter der Schnellstraße hindurch, nach *Weilerbach* (2 km). Von Weilerbach in westlicher Richtung nach *Mackenbach* (2 km) und *Miesenbach* (2 km), wo das Mohrbachtal erreicht wird. Im nächsten Ort *Steinwenden* (1 km) wird in südlicher Richtung das Tal und die Brücke des Mohrbaches überquert, um in den Weiler *Weltersbach* (1 km) zu gelangen. Leicht ansteigend, dann nach etwa 1,5 Kilometern rechts den asphaltierten Feldweg in westlicher Richtung einschlagen, um unter der Autobahn A 62 hindurch *Katzenbach* (3 km) zu erreichen. Am Ende des Ortes links nach *Spesbach* (1 km). In Spesbach die Hauptstraße überqueren und geradenwegs durch die Wiesen in südlicher Richtung zum Waldrand fahren mit Blick auf die Randberge der Sickinger Höhe. Nach einer Links- und einer Rechtskurve unter der Autobahn A 6 hindurch in das ehemalige Moorgebiet und durch die »Eichschachen« bis zum Waldrand, wo man links abbiegt, um dann unter der Autobahn hindurch

Reichenbach
Reichenbach-
-Steegen
Pörrbach
Eulenbis
Matzenb.
Erzenhsn.
Kühbörncheshof
Katzwlr.
Humberg
339
Lauerhof
Schwedelbach
Fockenberg-
Limbach
Schwanden
331
Samuelshof
279
300
Stockborn
Sambach
(240)
Otterbach
433
Rehwlr.
Dietels-B.
362
Kottweiler-
Schwanden
Kottweiler
266
Weilerbach
ERFEN-
BACH
ERLENBACH
Glan-
Münchwlr.
Reuschbach
Bettenhsn.
Mackenbach
Rodenbach
SIEGELBACH
Wiesenthalerhof
Forsths.
328
MORLAUTE
Niedermohr
Ober-
mohr
295
Stein-
wenden
-Miesenbach
262
307
300
Erzhütten
Esels-B.
Nanzdiezwlr.
333
Maulsch-B.
Schrollb.
Weltersb.
Reichswald
231
Forsths.
8
Ramstein-
241
Lothr.Dell
Burgmuseum
Bf.
Kennelgarten
Stiftsk.
Nanz-
dietschweiler
Katzenbach
Mohr-B.
EINSIEDLERHOF
Hütschenhsn.
268
Spesbach
233
14
Vogelweh
Bf.
Galgen-
schanze
(233)
Lämmchesberg
E50
LICHTEN-
BRUCH
401
KAISERS-
LAUTERN
Kindsbach
Bismarck-
Turm
St. Andreas
R.Nanstein
LANDSTUHL
(248)
R. Perlenberg
HOHENECKEN
Reichswald
Forsths.
Hauptstuhl
Rothenberg
433
462
349
Bann
Forsthaus
Steigerhof
Gelters-
woog
Gr. Stempel-B.
DANSENBERG
Espensteig
Aschbacherhof
Aschbach

Die Pfalz erleben per pedale

auf geradem Weg kurz vor der Bahnlinie Landstuhl – Kusel den Ortsrand von *Landstuhl* (6 km) zu erreichen.

Über die Bahnlinie und unter der Autobahnzufahrt Landstuhl hindurch zum Bahnhof, wo man mit dem Fahrrad durch die Unterführung der Bahnsteige fahren kann. Durch die nördlichen Ortsstraßen von Landstuhl parallel zur Bahn in östlicher Richtung, dann wieder über die Bahn zum Sandweiher »*Sibersee*« (2 km) und geradeaus weiter zum nördlichen Ortsteil von *Kindsbach* (1 km). Hier links zum *Forsthaus Kindsbach* (1 km) bis kurz vor die Autobahn, der man rechts einige hundert Meter folgt, um dann geradeaus in östlicher Richtung durch den ehemaligen Sumpfwald auf gut ausgebautem Waldweg *Einsiedlerhof* (4 km) zu erreichen. Da ein Industriegelände die Weiterfahrt Richtung Kaiserslautern versperrt, bleibt nichts anderes übrig, als in Einsiedlerhof rechts über die Bahnlinie hinweg zur B 40 zu fahren, um in östlicher Richtung (ein Radweg ist in der Planung) über *Vogelweh* (3 km), teilweise auf parallel verlaufenden Radstreifen/-wegen, nach *Kaiserslautern* (3 km) zu fahren.

Die geschichtsträchtige Burg Nanstein, oberhalb von Landstuhl (Foto: H. Wittner)

11 Bad Münster am Stein-Ebernburg – Niederhausen/Nahe – Montfort – Feilbingert – Bad Münster

Tourenlänge 26 km. **Fahrzeit** 3–4 Stunden.
Höhenunterschiede 70 Meter auf 1 Kilometer im Hagenbachtal vor Hallgarten. 30 Meter nach Hallgarten zum Dreiweierhof.
Karten 1:50000 L 6112 Bad Kreuznach, L 6312 Rockenhausen; 1:200000 Generalkarte Blatt 15.
Tourenbeschreibung Von *Bad Münster* über die stillgelegte Eisenbahnbrücke und am Sportplatz entlang mit Blick auf das einzigartige Felsmassiv des Rotenfelsen, später über eine elegante Fußgängerbrücke nach *Norrheim* (3 km) und weiter im Nahetal nach *Niederhausen* (3 km). Am Ufer des Stausees mit Blick zum Lemberg (422 m), dem »König der Naheberge« (früher Quecksilberbergbau) über die Nahebrücke nach *Oberhausen* (3 km). Von dort unterhalb des Naturschutzgebietes des Lembergs durch das idyllische Hagenbachtal zum *Montforter Hof* und der *Ruine Montfort* (5 km). Vom Montforter Hof auf dem Landwirtschaftsweg zur Straße Obernhausen – Hallgarten und weiter nach *Hallgarten* (2 km) und – leicht ansteigend – zum *Dreiweiherhof* (1 km) oder direkt von Hallgarten – steiler ansteigend – über die Höhe mit Abfahrt nach Feilbingert. Von dort Straße nach *Feilbingert* (3 km). (Abstecher: Von Feilbingert führt eine Straße zum *Lemberg* mit dem »Silbersee« in einem ehemaligen Steinbruch und schöner Aussicht auf das Nord-

Die Pfalz erleben per pedale

Die Burgruine Montfort ist das mittelalterliche Vorbild für unsere Reihenhäuser
(Foto: Heinz Wittner)

pfälzer Bergland [zum Donnersberg] und auf das Nahetal bei der »Lemberghütte«, insgesamt 4 km.) Von Feilbingert Abfahrt, mit Blick auf die Rotenfelswand, nach *Ebernburg* (4 km) und über die Nahebrücke nach *Bad Münster am Stein* (1 km). Man kann auch etwa 1 km hinter Feilbingert links von der Straße nach Ebenburg den (gekennzeichneten) Weg, dann rechts, zum Golfplatz einschlagen. Durch den Golfplatz geht die Fahrt – an den »Drei Buchen« vorbei – zum *Birkerhof* (4 km), dann rechts den Weg durch die Weinberge hinunter nach *Ebernburg* (2 km). (Anschluß durch das Salinental nach *Bad Kreuznach*, 3 km).

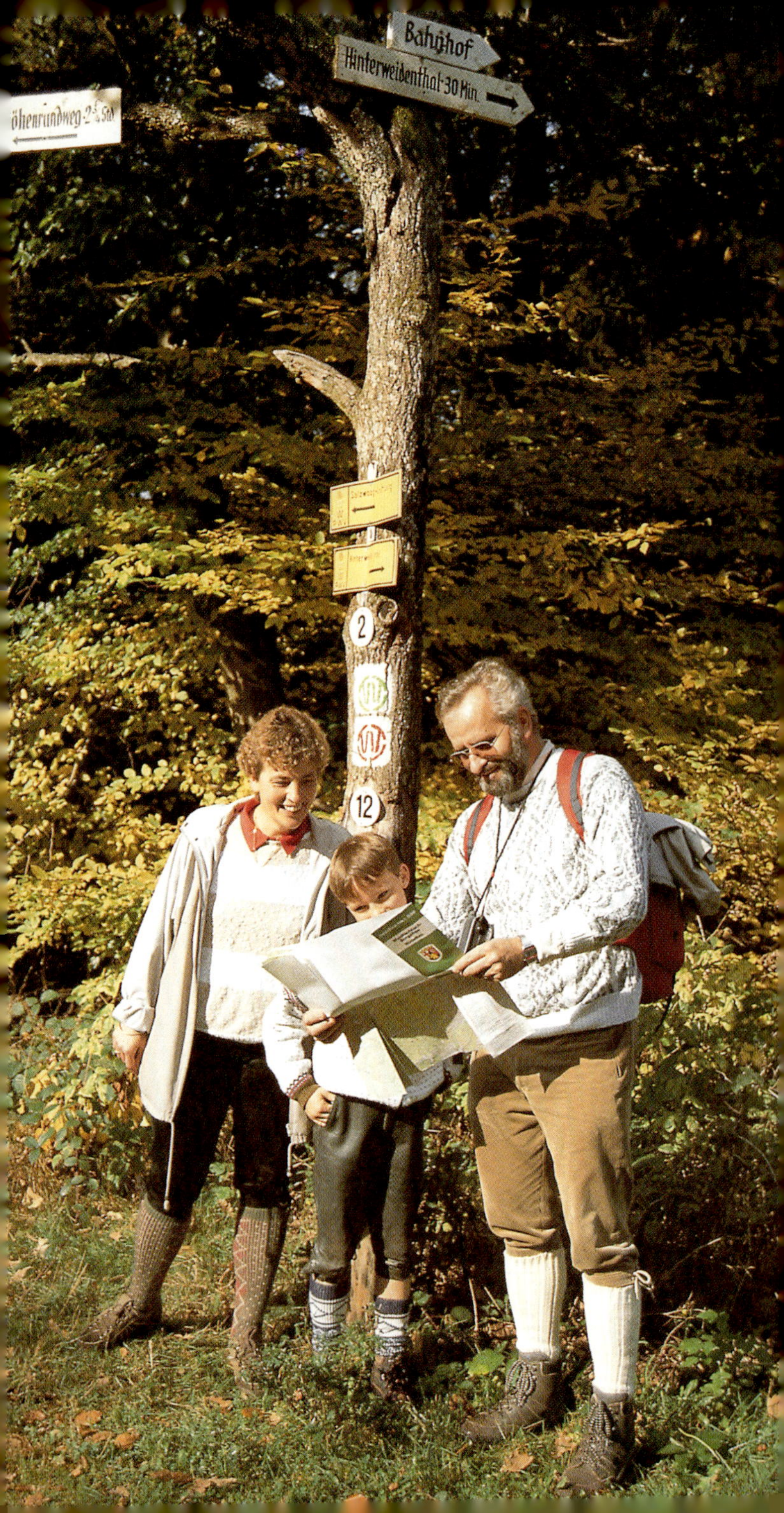
Bahnhof
Hinterweidenthal·30 Min.
2
12

Die Pfalz erleben per pedes

Immer mehr Wanderfreunde entdecken die Pfalz mit ihren bizarren Felstürmen und sanftgeschwungenen Weinbergen, saftigen Wiesen und tiefen Wäldern, malerischen Burgen und romantischen Winzerdörfern. Auf Schritt und Tritt erschließt sich die ganze Vielfalt der pfälzischen Landschaften, die von der lieblichen, zuweilen mediterran anmutenden Vorderpfalz bis hin zu den schier undurchdringlichen Wäldern des Pfälzerwaldes reichen. Auch wenn einmal nicht die Sonne scheint, kommt keine Langeweile auf, denn immer lockt ein schöner Wanderweg oder ein kleiner Spaziergang zur Erkundung. Urige Gasthäuser laden unterwegs zur stimmungsvollen Einkehr, interessante Museen lohnen jederzeit einen Besuch. Neben den großen Sehenswürdigkeiten sind es vielfach die kleinen Besonderheiten am Wegesrand, die zum Reiz der Ausflüge beitragen, sei es ein uralter, knorriger Baumriese, eine seltene Pflanze oder ein Tier, das sich aus nächster Nähe beobachten läßt. Herrliche Wanderwege durchziehen die vielgestaltige Sandsteinlandschaft des Naturparks Pfälzerwald, das grüne Herz der Pfalz. Vorbildlich markierte Wanderwege, Schutzhütten, Wanderheime, Aussichtstürme und Informationstafeln, die durch den tatkräftigen Pfälzerwald-Verein betreut werden, erwarten die Wanderfreunde. Im Frühjahr, wenn die Obstbäume blühen, und im Herbst, wenn das Weinlaub in leuchtenden Gelb- und Rottönen erstrahlt, sind Wanderungen entlang der sonnenverwöhnten Weinstraße am schönsten. Aber auch das Nordpfälzer Bergland mit dem mächtigen Donnersberg und der hügelige Westrich sind landschaftlich reizvoll und bieten lohnende Wandermöglichkeiten.

Wer sich die Zeit nimmt, die herrliche und vielfältige Pfalz wandernd zu erleben, wird sicherlich unvergeßliche Eindrücke mit nach Hause nehmen.

(Foto: Michael Klees)

12 Von Eppenbrunn zu den Altschloßfelsen

Verkehrsmöglichkeiten Der Luftkurort Eppenbrunn liegt südlich von Pirmasens, nahe der französischen Grenze. Busverbindungen in Richtung Pirmasens und Fischbach – Dahn.
Parkmöglichkeiten In der Ortsmitte von Eppenbrunn oder beim Wanderparkplatz Spiessweiher, etwa ein Kilometer südlich des Ortes. Bezeichnete Zufahrt von der Straße Eppenbrunn – Fischbach.
Wegmarkierungen Örtliche Rundwegmarkierung »3«.
Tourenlänge 7 Kilometer.   **Wanderzeit** 2 Stunden.
Höhenunterschiede Insgesamt etwa 150 Höhenmeter, gleichmäßiger Anstieg zu den Altschloßfelsen.
Wanderkarte 1:25000 Pirmasens und Umgebung.
Tourenbeschreibung Der gut markierte Weg führt ab *Spiessweiher* durch eine ursprüngliche Talaue mit kleinen Tümpeln, Moorwiesen und alten Baumbeständen. Nach etwa 30 Minuten folgt ein leichter Anstieg zum Fuße der Altschloßfelsen. Der Rundweg ist leicht zu beschreiben, denn er folgt der beschriebenen Felsgalerie bis zu deren südlichem Ende. Der Rückweg führt hinauf zum Felsenplateau und mündet schließlich wieder in den Weg zum Spiessweiher ein.

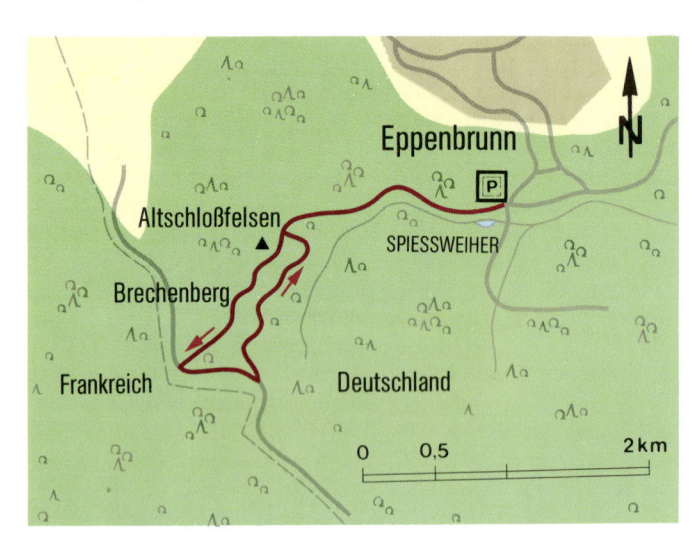

Die Pfalz erleben per pedes

Eppenbrunn, Altschloßfelsen (Foto: Heinz Wittner)

13 Der Dahner Rundwanderweg

Verkehrsmöglichkeiten Dahn liegt an der Bundesstraße 427, etwa auf halber Strecke zwischen Bad Bergzabern und Pirmasens, gute Verbindungen in beide Richtungen.
Parkmöglichkeiten Beim neuen »Haus des Gastes«, die Zufahrt ist gut beschildert.
Wegmarkierungen Grüne Tanne mit DRW auf weißem Grund, teilweise auch gelbe Tafeln »Dahner Rundweg«.
Tourenlänge 20 Kilometer.
Wanderzeit 5 Stunden.
Höhenunterschiede Insgesamt etwa 350 Höhenmeter, verteilt auf mehrere angenehme Anstiege.
Wanderkarte 1:25 000 Dahn mit elsässischem Grenzgebiet.
Anmerkung Der Dahner Rundwanderweg kann problemlos in zwei oder auch drei kürzere Rundwege eingeteilt werden, weil sich an vielen Stellen bezeichnete Rückwege zum Städtchen anbieten.
Tourenbeschreibung Beim Parkplatz am »Haus des Gastes« beginnt der Stationenweg, der zum *Ehrenfriedhof* hinaufführt. Mit der Lokalmarkierung »1« geht es zum Hochstein hinauf, einem mächtigen Felsenriff (342 m), von dessen abgeschrankter Krone ein weiter Rundblick über das Felsenland die Anstiegsmühe lohnt.

Dahn mit Jungfernsprung (Foto: Michael Klees)

Die Pfalz erleben per pedes

Der Rückweg führt zum Bergsattel unterhalb der Burgen Altdahn, Grafendahn und Tanstein, zu denen wir in wenigen Minuten ansteigen. Nach Rückkehr zum Bergsattel entdecken wir an der kleinen Blockhütte am Ende der Straße wieder unseren Rundweghinweis »DRW«.

Auf schönem und fast steigungsfreiem Weg geht es durch den Wald bis zur Fahrstraße Dahn – Erfweiler, die in Höhe des Fernsehumsetzers gequert wird. Es geht wenige Schritte nach links entlang der Straße, dann folgen wir dem Waldrand und biegen beim Wasserbehälter (Sandsteinfindling) scharf links ab (auch mit rot-weißem Strich bezeichnet). Bald öffnet sich ein schöner Blick zu den gegenüberliegenden Dahner Burgen, dann erreicht der Sandweg den Stadtrand und bald folgt der Anstieg zum *Jungfernsprung*. Der immer schmaler werdende Felssporn endet schließlich auf der Aussichtskanzel über der Stadt. Nach dem Abstieg zur Pirmasenser Straße wird die Bundesstraße gequert, dann geht es einige Schritte stadtwärts. Nach Queren der Bahngleise und der Wieslauter beginnt beim Fachwerkhaus der Serpentinenanstieg zum *Sängerfelsen*, wo sich eine schöne Aussicht über Dahn bietet. Über den östlichen Kauertweg geht es zum Großtaler Hals (265 m) und zur *Burgruine Neu-Dahn*.

Braut und Bräutigam (Foto: Michael Klees)

Es folgt der kurze Abstieg zum Neudahner Weiher (Campingplatz, Einkehrmöglichkeit), dann folgt der Weg dem Weiher und zieht durch das Naturschutzgebiet Moosbachtal mit seinen teils offenen, teils verkrauteten oder mit Seerosenteppichen bedeckten Wasserflächen zum Waldparkplatz. Ab hier sind es nur wenige Schritte zur *Dahner Hütte* des Pfälzerwaldvereins (bewirtschaftet). Über die Weihersebene zieht der Rundweg zu der markanten Felsengruppe von Braut und Bräutigam und zur Jugendherberge. Ein letzter Abstecher zum nahen *Wachtfelsen* erreicht den letzten Aussichtspunkt dieser lohnenden Rundtour, ehe man zur Stadtmitte und zum Ausgangspunkt beim »Haus des Gastes« zurückkehrt.

Die Pfalz erleben per pedes

Von Bad Bergzabern zum Karlsplatz und über den Wanderweg Deutsche Weinstraße zurück

14

Verkehrsmöglichkeiten Zahlreiche Bahn- und Busverbindungen nach Bad Bergzabern.
Parkmöglichkeiten Beim Thermalbad oder Parkplatz am Wonneberg, Zufahrt durch die Kurtalstraße am Ortsausgang in Richtung Dahn, Kneippstraße.
Wegmarkierungen Weißer Strich mit schwarzem Punkt bis Karlsplatz, verschiedenen örtlich gut bezeichnete Abstiegsmöglichkeiten nach Beschreibung zum Wanderweg Deutsche Weinstraße, mit der Traubenmarkierung nach Bad Bergzabern.
Tourenlänge 13 Kilometer. **Wanderzeit** 3½ Stunden.
Höhenunterschiede Insgesamt etwa 260 Höhenmeter, Anstieg zwischen Bad Bergzabern und Karlsplatz.
Wanderkarten 1:25000 Bad Bergzabern.
Anmerkungen Auf dem Weg zum Karlsplatz verweisen mehrere Tafeln auf den angrenzenden Bundeswehr-Standortübungsplatz. Es empfiehlt sich daher, von großen Streifzügen abseits des bezeichneten Wanderwegs abzusehen. – Vom Karlsplatz aus bieten sich mehrere Abkürzungsmöglichkeiten.
Tourenbeschreibung Vom Thermalbad aus folgen wir kurz der stark befahrenen Fahrstraße, die in Richtung Dahn führt. Beim Gasthaus »Hörnchen« entdecken wir die Wegmarkierung weißer

Winzergasse in Gleiszellen (Foto: Heinz Wittner)

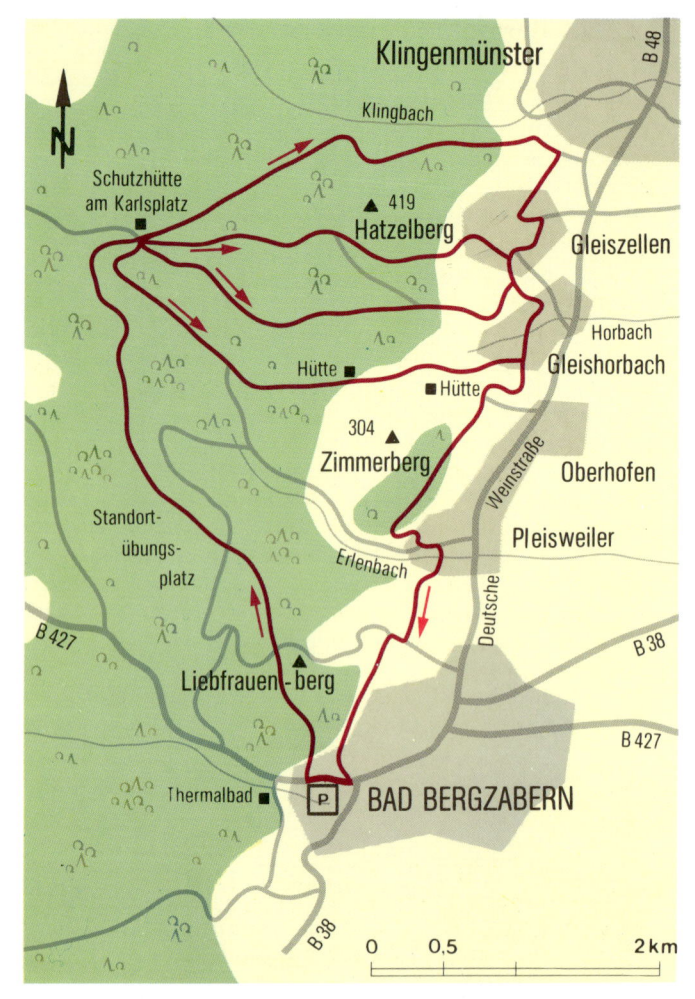

Balken mit schwarzem Punkt. Wir wenden uns hier nach rechts von der Straße ab (Hörnchenweg). Schon nach 50 Metern geht es beim letzten Haus scharf nach rechts und hinauf zum Waldrand. Bei der Sitzbank am Waldrand wenden wir uns nach links und kommen nach 50 Metern zu einer Weggabelung. Wegweiser zeigen hier die Richtung nach Klingenmünster und zum Liebfrauenberg an. Zehn Minuten später fehlt an einer Wegkreuzung die erwähnte Markierung, hier halten wir uns an die örtlichen Wegbezeichnungen »3« und »21«. Nach weiteren zehn Mi-

Die Pfalz erleben per pedes

nuten überschreiten wir ein Fahrsträßchen (Hinweistafel auf Ende des Standortübungsplatzes). Geradeaus geht es weiter auf schönem Weg, der durch parkähnlichen Wald und fast ohne Steigung zur Standortschießanlage führt. Die Fortsetzung des Wanderweges finden wir an der mächtigen Backsteinmauer, die als Kugelfang die Schießbahn begrenzt. Hier bietet sich bereits die erste Abkürzungsmöglichkeit an. Ein Holzwegweiser zeigt den Weg über die Wappenschmiede nach Pleisweiler.

Wer sich eine größere Rundtour zutraut, wandert weiter und trifft am *Kuhnekopf* (Rastbank) wieder eine Rückwegmarkierung an. Die örtliche »5« führt in spitzem Winkel zurück nach Bad Bergzabern. Wenige Minuten später bieten sich weitere bezeichnete Abstiege nach Klingenmünster und Gleiszellen an. Wir halten uns weiter an die Wanderwegmarkierung weißer Strich mit schwarzem Punkt. Sollte diese Markierung einmal fehlen oder übersehen werden, so helfen die Holzwegweiser zum Wild- und Wanderpark Silz weiter. Dieses Wanderzeichen führt zum *Holderbild*. Hier wenden wir uns nach rechts und wandern mit dem blauen Punkt in fünf Minuten hinab zum *Karlsplatz*. Hier laufen neun Wege zusammen.

Vom Karlsplatz aus bieten sich zahlreiche Möglichkeiten zur Rückkehr nach Bad Bergzabern an:
a) mit dem weißen Strich und schwarzem Punkt über den Klingbachhof nach Klingenmünster.
b) mit dem blauen Punkt nach Gleiszellen.
c) über den Erlensuhl nach Gleiszellen (Wegmarkierung).
d) nach Gleishornach (örtliche Wegmarkierung).

Alle diese Wege münden in den Wanderweg Deutsche Weinstraße ein.

Kloster Liebfrauenberg bei Bad Bergzabern (Foto: Heinz Wittner)

15 Von Annweiler am Trifels zur Madenburg und zum Slevogthof

Verkehrsmöglichkeiten Annweiler liegt an der Bundesstraße 10, westlich von Landau. Gute Bahn- und Busverbindungen, die Fertigstellung der Umgehungsstraße wird für 1996/97 erwartet.
Parkmöglichkeiten Bei den Kuranlagen. Die Zufahrt ist beschildert, auch Wegweiser in Richtung Stadtteil Bindersbach.
Wegmarkierungen Weißes Dreieck bis Windhof, gelber Strich bis Parkplatz Madenburg, Abstecher zur Madenburg mit örtlichen Markierungen, gelb-grüner Strich bis Eschbach, Wegweiser zum Slevogthof, örtliche Markierung »14« bis Windhof, gelber Strich bis Annweiler oder weißes Dreieck bis Parkplatz Schloßäcker.
Tourenlänge 21 Kilometer.
Wanderzeit 5½ Stunden.
Höhenunterschiede Insgesamt etwa 650 Höhenmeter, kräftiger Anstieg bis Schloßäcker an Trifels, weitere Anstiege zur Madenburg und ab Leinsweiler zum Slevogthof.
Wanderkarte 1:25000 Annweiler.
Anmerkung Die Wanderung kann abgekürzt werden, wenn das Auto am Parkplatz Schloßäcker beim Trifels abgestellt wird.
Tourenbeschreibung Bei den Kuranlagen beginnt der direkte Anstieg zum Parkplatz *Schloßäcker* am Fuße des Trifels (Abstecher zur Burg mit 15 Minuten Anstieg möglich). Weiter dem

Annweiler, Gerbergasse (Foto: Michael Klees)

Die Pfalz erleben per pedes

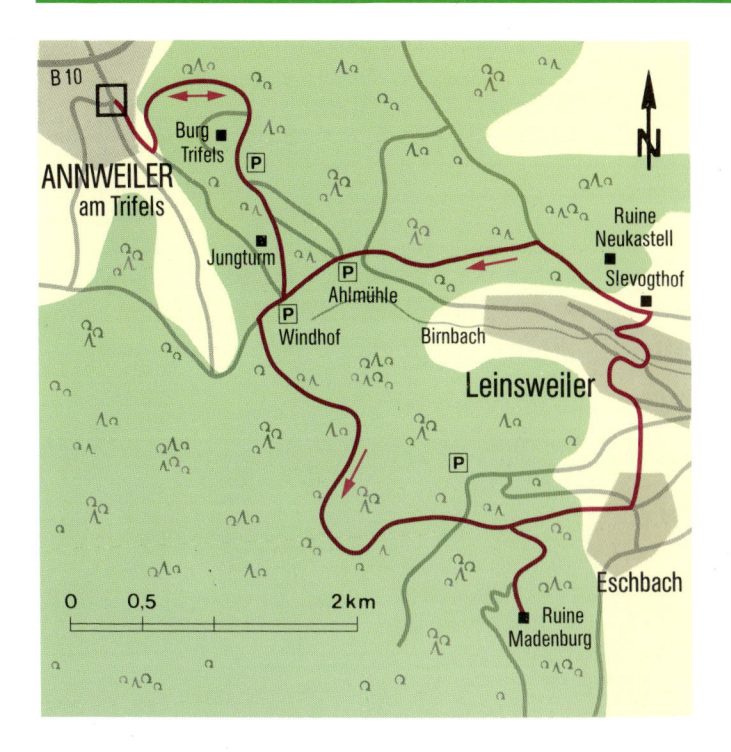

weißen Dreieck folgend lassen wir schnell den Touristentrubel hinter uns, wandern am Jungturm und unterhalb der Ruinen Anebos und Münz vorbei zum *Parkplatz Windhof*. Der gelbe Strich führt über den schönen Cramerpfad zum *Parkplatz Madenburg*. Lohnend ist der gut bezeichnete Abstecher zur Burgruine mit der großartigen Aussicht. Es geht zurück zum Parkplatz, wo ein Wegweiser den Abstieg nach *Eschbach* anzeigt (gelb-grüner Strich).

Wir durchwandern das malerische Weindorf mit seinem hübschen Brunnen und den alten Häusern und Höfen an der Weinstraße und wählen den ersten Weinbergweg, der nach der Ortstafel links aufwärts führt (An der Rotheck). Der erste nach rechts abzweigende Weg ist mit der Traube des Wanderweges Deutsche Weinstraße markiert und führt hinab nach *Leinsweiler*. Im schönen alten Ortskern steht am Rathaus ein alter Brunnen. Hier übernehmen zahlreiche Markierungen die Führung zum hochgelegenen *Slevogthof*. Lohnend ist ein Besuch der uralten Martinskirche, die rechts unseres Anstiegs liegt.

Beim Slevogthof (Einkehrmöglichkeit) folgen wir dem breiten Fahrweg, der an der rechten Talseite entlangführt und mit der örtlichen Markierung »14« bezeichnet ist.

Dieser Weg mündet nach gut 30 Minuten Gehzeit in den *Wanderparkplatz Ahlmühle* ein. Der Rückweg folgt nun dem grünen Dreieck nach links dicht neben der Straße zum *Windhof*. Direkt bei einem alten Steinkreuz (Jahreszahl 1861) beginnt der Abstieg nach Annweiler (gelber Strich, Hinweistafel auf geänderte Wegbezeichnung). Der Pfad folgt einem streckenweise tief eingeschnittenen Hohlweg und führt schließlich über den Blondelweg zum Parkplatz zurück.

Burg Trifels (Foto: Michael Klees)

16 Von Trippstadt durch das Karlstal

Verkehrsmöglichkeiten Busverbindung nach Kaiserslautern.
Parkmöglichkeiten In der Ortsmitte beim Verkehrsamt.
Wegmarkierungen Roter Strich bis Oberhammer, rotes Kreuz durch das Karlstal bis kurz nach Haltepunkt Karlstal, gelbblauer Strich über Stelzenberg und Langensohl nach Trippstadt.
Tourenlänge 16 Kilometer.
Wanderzeit 4 Stunden.

Die Pfalz erleben per pedes

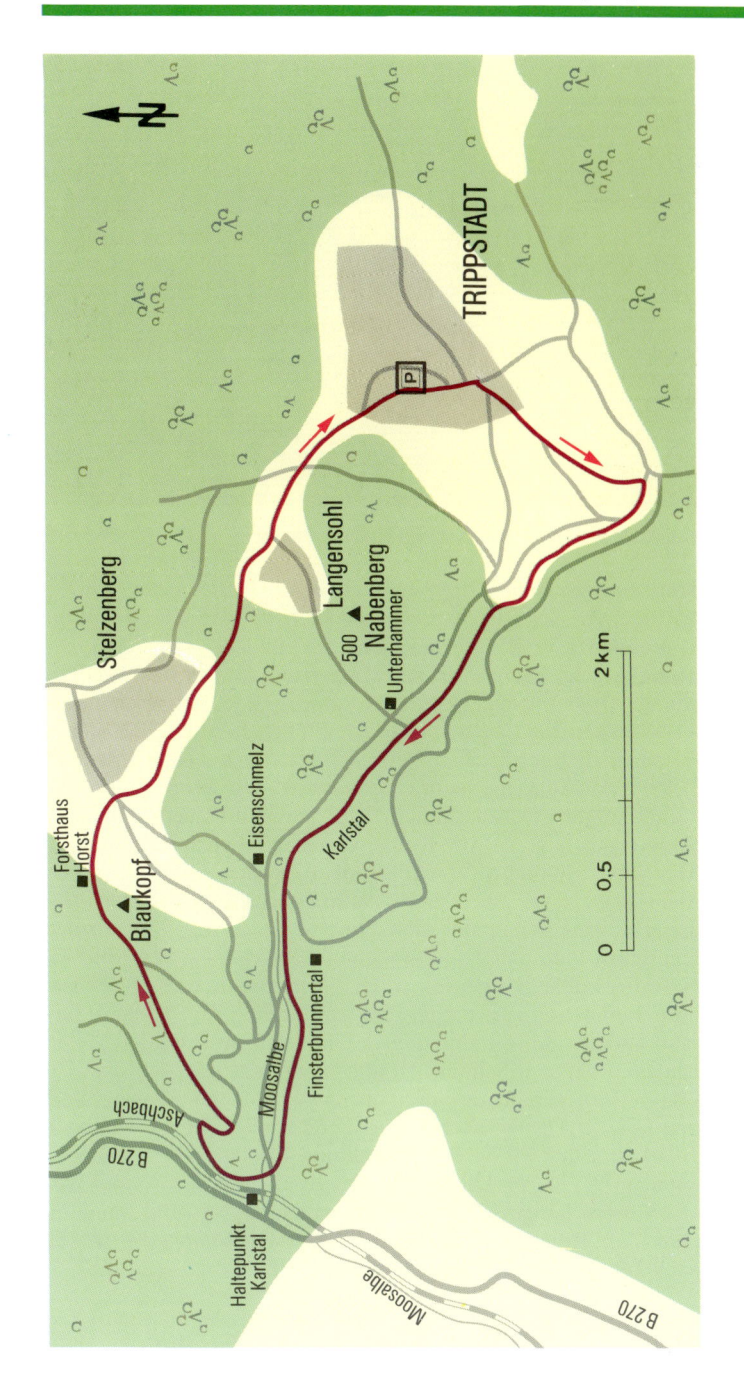

Trippstadt, origineller Wegweiser zum Finsterbrunnertal (Foto: Heinz Wittner)

Höhenunterschiede Insgesamt etwa 250 Höhenmeter, kurzer kräftiger Anstieg zwischen Haltepunkt Karlstal und Stelzenberg.
Wanderkarte 1:25000 Kaiserslautern-Süd.
Tourenbeschreibung Mit der Markierung roter Strich wandern wir ab Ortsmitte die Dorfstraße abwärts und verlassen Trippstadt am Ortsrand nach links durch die Schanzstraße. Bei einem winzigen Spargelgärtchen betreten wir durch einen schmalen Schlupf den Talgrund beim *Oberhammer*. Wir wenden uns nach rechts, folgen etwa 200 Meter der Straße und entdecken bei der Straßengabelung das rote Kreuz, das über Treppen zum Bett der Moosalbe hinabführt. Das folgende Wegstück durch die *Karlsschlucht* ist sicher eine der romantischsten Wegpartien im Pfälzerwald. Das sich später allmählich weitende Tal führt an der Klugschen Mühle und an Forellenteichen vorbei zum stattlichen Naturfreundehaus am Eintritt des Finsterbrunnertals. Wir wandern weiter talwärts, bis uns die Markierung zum rechten Talrand und zum Mini-Bahnhöfchen hinüberführt. Etwa 200 Meter begleiten wir den Schienenstrang, dann vertrauen wir uns der Markierung gelb-blauer Strich an, die nach rechts abzweigt und den kurzen Anstieg nach Stelzenberg anzeigt. Beim *Forsthaus Horst* erreichen wir die Hochfläche und gleich darauf den gleichnamigen Wanderparkplatz (vier Rundwanderwege zwischen 4,5 und 7,5 km Länge). Wir wenden uns nach rechts und wandern über den Römerweg an beneidenswerten Wohnlagen vorbei nach *Langensohl* und zurück nach Trippstadt.

Die Pfalz erleben per pedes

Weingut in St. Martin (Foto: Klaus Thiele)

17 Von St. Martin über die Kropsburg zum Friedensdenkmal und zur Wappenschmiede

Verkehrsmöglichkeiten Busverbindung nach Neustadt und Landau.
Parkmöglichkeiten In den Straßen von St. Martin (Mühlstraße/Hintergässel).
Wegmarkierungen Mit rotem Strich über die Kropsburg zur Wappenschmiede, mit rotem Kreuz talauswärts, bis roter Punkt nach rechts über Bächlein und Straße führt, mit diesem zurück zur Kropsburg. Örtlich markierter Abstecher zum Friedensdenkmal.

Immakulata und Kropsburg bei St. Martin (Foto: Heinz Wittner)

Die Pfalz erleben per pedes

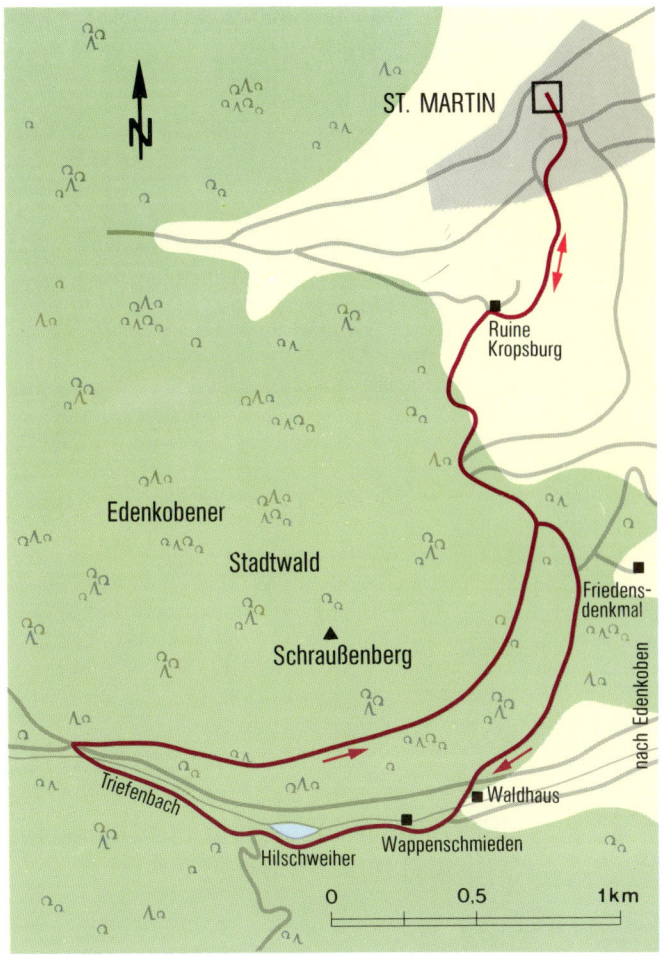

Tourenlänge 8 Kilometer. **Wanderzeit** 2 Stunden.
Höhenunterschiede Insgesamt etwa 150 Höhenmeter, kurzer Anstieg von St. Martin zur Kropsburg.
Wanderkarte 1:25 000 Neustadt a. d. Weinstraße.
Anmerkung Die kleine Rundwanderung kann durch Auffahrt zur Kropsburg weiter zu einem Spaziergang verkürzt werden (Zufahrt von Edenkoben).
Tourenbeschreibung In den engen Gassen von St. Martin sind Parkplätze knapp. An der Mühlstraße beim Hintergässel findet sich aber meist noch ein freies Plätzchen. Wir wandern einige

Schritte die Mühlstraße hinauf und entdecken dann die örtlichen Wegweiser zur Kropsburg. Der Weg folgt dem Kreuzweg durch die Weinberge und führt uns in 15 Minuten hinauf zur Burgruine.

Am Ehrenmal des Pfälzerwaldvereins und am Richard-Platz-Stein vorbei folgen wir den Wegmarkierungen roter Strich und roter Punkt. Bald verläßt unser Wanderpfad den Hauptweg nach rechts, und nach 15 Minuten ab Kropsburg gabeln sich die Wanderwege. Wir folgen dem roten Strich nach links und sollten beim Parkplatz am Sportplatz den Abstecher zum Friedensdenkmal (örtliche Wegweiser) nicht versäumen, es sind nur fünf Minuten bis zu diesem freien Aussichtspunkt. Beim Sportplatz beginnt auch der angenehme Abstieg (roter Strich), bis wir nach zehn Minuten die Fahrstraße queren, um die *Siegfriedschmiede* mit ihrem mächtigen Mühlrad am uralten Mühlgebäude zu erreichen. An den Wappenschmieden und am Meyerhof vorbei wandern wir talauswärts, nun vom Wegweiser rotes Kreuz geleitet. Bald kommen wir zum hübschen kleinen *Hilschweiher* (Kiosk, Ruderbootverleih).

15 Minuten weiter talauswärts mündet der rote Punkt in unseren Weg ein. Wir queren Bächlein und Straße und wandern in spitzem Winkel und leicht ansteigend zurück. Nach 20 Minuten stehen wir an einer Wegspinne mit schöner Aussicht. Hier zeigt ein Wegweiser (45 Minuten) zur Kropsburg. Aber auch bei gemütlichem Spaziertempo werden wir kaum länger als eine halbe Stunde brauchen, um zur Kropsburg zurückzukehren.

18 Von Gimmeldingen zum Forsthaus Benjental und auf das Weinbiet

Verkehrsmöglichkeiten Busverbindung nach Neustadt und Bad Dürkheim.
Parkmöglichkeiten Am Kirchplatz in der Ortsmitte oder beim Sportplatz am Ortsrand.
Wegmarkierungen Rotes Dreieck bis Forsthaus Benjental, roter Punkt bis Weinbiet, mit blauem Punkt absteigend nach Haardt, mit Traubenmarkierung (Wanderweg Deutsche Weinstraße) zurück nach Gimmeldingen.
Tourenlänge 13 Kilometer.
Wanderzeit 3½ Stunden.
Höhenunterschiede Etwa 370 Höhenmeter, anhaltender Anstieg zwischen Forsthaus Benjental und Weinbiet (550 m).

Die Pfalz erleben per pedes

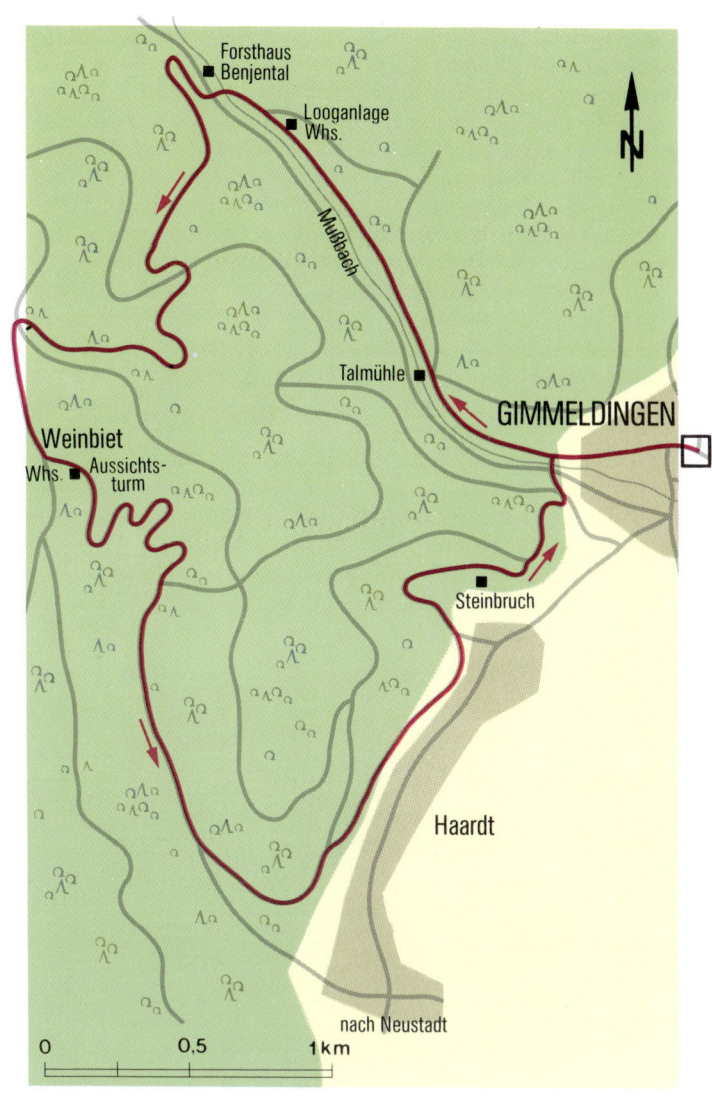

Wanderkarte 1:25 000 Neustadt an der Weinstraße.
Anmerkung Es führen viele Wege zum aussichtsreichen Weinbiet hinauf. Den kürzesten Zugang bietet der beschriebene Pfad ab Forsthaus Benjental.
Tourenbeschreibung Durch die Peter-Koch-Straße und durch die Holzmühlstraße gewinnen wir den Ortsrand am Sportplatz

von Gimmeldingen. Sollte in den engen Straßen des Weindorfes kein Parkplatz zu finden sein, so läßt sich die Wanderung auch von hier aus antreten.

Mit der Markierung rotes Dreieck wandern wir talauswärts durch die *Looganlage*. Ein Mühlrad und überwachsene Mauerreste erinnern noch an die 1900 stillgelegte Neumühle. Nach 20 Minuten gelangen wir zur Gaststätte Looganlage und gleich darauf zum ebenfalls bewirtschafteten Forsthaus Benjental (früher Wappenschmiede, 1699 erbaut, 1860 abgebrannt).

Nun wendet sich der Pfad nach links und gewinnt in anfänglich recht steilen Serpentinen schnell an Höhe. Während des ganzen Anstiegs halten wir uns an die zuverlässige rote Punktmarkierung und kommen schließlich zum aussichtsreichen Plateau (Aussichtsturm, bewirtschaftete Rasthütte des Pfälzerwaldvereins).

Der gut markierte Abstieg ist nicht zu verfehlen. Er beginnt direkt beim Weinbiethaus und führt durch das Meisental hinab nach *Haardt*. Das letzte Wegstück folgt in schönster Aussichtslage der Markierung Weintraube (Wanderweg Deutsche Weinstraße) und bringt uns in 1½ Wanderstunden seit Weinbiet nach Gimmeldingen zurück.

Neustadt an der Weinstraße, stille Ecke in der Altstadt (Foto: Heinz Wittner)

Die Pfalz erleben per pedes

Von Neustadt an der Weinstraße zur Hohen Loog

19

Verkehrsmöglichkeiten Zahlreiche gute Bus- und Bahnverbindungen nach Neustadt an der Weinstraße.
Parkmöglichkeiten Parkplatz beim Leibniz-Gymnasium an der Karolinenstraße.
Wegmarkierungen Weißer Strich mit schwarzem Punkt bis Höhe 566, örtliche Wegweiser zur Hohen Loog (Hambacher Hütte). Roter Punkt bis zum Herz-Jesu-Kloster am Stadtrand von Neustadt, nach Beschreibung zurück zum Leibniz-Gymnasium.
Tourenlänge 11 Kilometer. **Wanderzeit** 3 Stunden.
Höhenunterschiede Insgesamt etwa 440 Höhenmeter, anhaltender direkter Anstieg von Neustadt zur Hohen Loog.
Wanderkarte 1:25000 Neustadt a.d. Weinstraße.
Tourenbeschreibung Wer zum Bahnhof kommt, überschreitet die Bahnbrücke (Orientierungstafel des Pfälzerwaldvereins, Wegweiser zur Jugendherberge), folgt dann aber der *Karolinenstraße* bis zum Leibniz-Gymnasium (15 Minuten ab Bahnhof). Gleich hinter den Schulgebäuden gabeln sich die markierten Wanderwege. Wir halten uns an die Markierung weißer Strich mit schwarzem Punkt, wenden uns nach links und folgen der von-Wißmann-Straße.

Am Ende der Straße führt der Wanderweg in den Wald hinein, und nach weiteren 500 Metern – dort, wo der Weg eben wird –, verläßt ein Pfad den Hauptweg nach links (alte Wegtafel zur Kühungstelle). Der federweiche Weg gewinnt schnell an Höhe und erreicht die *Kühungerquelle* (kleine Tümpel rechts des Weges, hübsches Rastplätzchen). Bald öffnet sich eine schöne Fernsicht über die unzähligen Bergkuppen des Pfälzerwaldes und wenig später ist der Bergsattel bei Höhe 566 erreicht. Örtliche Wegweiser zur Hambacher Hütte übernehmen die weitere Führung, und nach zehn Minuten taucht die gastliche Einkehrstätte des Pfälzerwaldvereins hinter einer Wegbiegung auf.

Direkt bei der Hütte beginnt der mit dem roten Punkt bezeichnete Rückweg in Richtung Neustadt. Der Weg ist so gründlich markiert und ausgetupft, daß er auch nach zwei Vierteln Pfälzerwein nicht zu verfehlen ist. Über die Hohe-Loog-Ebene geht es allmählich abwärts, und über dem Stadtrand von Neustadt erreichen wir einen kleinen Friedhof und gleich darauf den *Conrad-Freytag-Blick* (Orientierungstafel, aber allmählich verwachsende Aussicht). Direkt vor dem Eingang zum *Herz-Jesu-Kloster* beginnt ein schmaler Pfad, der ohne weitere Bezeichnung zum Parkplatz beim Leibniz-Gymnasium hinabführt.

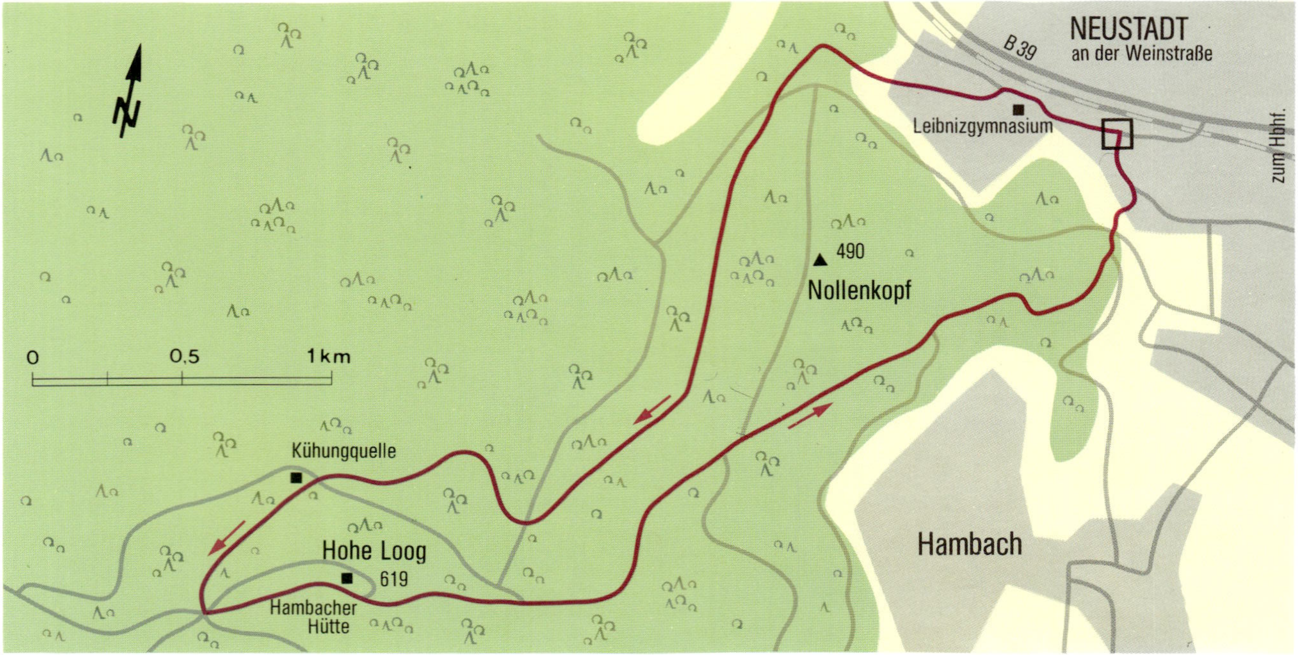
NEUSTADT
an der Weinstraße
B 39
Leibnizgymnasium
zum Hbhf.
490
Nollenkopf
Hambach
Kühungquelle
Hohe Loog
619
Hambacher
Hütte
0
0,5
1 km

Die Pfalz erleben per pedes

Von Deidesheim über die Michaelskapelle zu den Heidenlöchern

20

Verkehrsmöglichkeiten Deidesheim liegt zwischen Bad Dürkheim und Neustadt an der Weinstraße, Busverbindungen nach beiden Richtungen.
Parkmöglichkeiten Knappe Parkflächen in der Ortsmitte (Marktplatz oder Königsgartenstraße). Günstiger: Durch die Heumarktstraße und Deichelgasse auf Weinbergweg zum Waldrand, dort Parkplatz mit Wandertafel des Pfälzerwaldvereins.
Wegmarkierungen Mit der Traube (Weinstraße-Wanderweg) bis zum Wanderparkplatz am Ausgang des Sensentals, roter Punkt über Michaelskapelle zu den Heidenlöchern, ab Wegspinne mit weißem Punkt zum Eckkopf und zur Wegkreuzung (Distriktstafel Rudelfuß). Rückweg mit weiß-blauem Strich zum Turnerehrenmal und zum Ausgangspunkt.
Tourenlänge 12 Kilometer.   **Wanderzeit** 3 Stunden.
Höhenunterschiede Insgesamt etwa 380 Höhenmeter, kräftiger Anstieg zwischen Waldparkplatz Sensental und Heidenlöchern.
Wanderkarte 1:25000 Bad Dürkheim und Umgebung.
Tourenbeschreibung Vom Wanderparkplatz am Waldrand aus folgen wir zunächst dem Wanderweg Deutsche Weinstraße mit der Traubenmarkierung nach Norden. Der Weg verläuft zwischen Waldrand und Rebland und quert die berühmte Weinlage Deidesheimer Paradiesgarten. Ein schön angelegter Rastplatz verlockt schon hier zu einer Pause.

Nach etwa 20 Minuten lugt die Michaelskapelle durch den Wald, gleich darauf passieren wir den *Wanderparkplatz Sensental* (Tafel mit vier Rundwegempfehlungen). Nun übernimmt der rote Punkt die Führung. Durch Kastanienwald ansteigend geht es an der Kapelle vorbei zu den *Heidenlöchern* (346 m). Der markierte Wanderweg führt mitten durch die Anlage der Fliehburg, aber auch auf dem Ringwall hat sich ein Pfad gebildet. Wir umrunden die Heidenlöcher und folgen auf kaum ansteigendem bequemen Weg dem roten Punkt bis zu einer Wegspinne (Distriktstafel Wintertal 2). Hier ist ein direkter Abstieg zum Wanderparkplatz Sensental (örtliche Wegmarkierung »4«).

Wer jedoch geradeaus weiterwandert, erreicht mit dem weißen Punkt nach gut 25 Minuten Gehzeit die Wegkreuzung am Fuße des Eckkopf (Distriktstafel Rudelfuß).

Ein als »bequem« ausgewiesener Weg zum Eckkopfturm ist wohl nur für Leute mit Stöckelschuhen gedacht, denn der direkte Anstieg ist ganz einfach, wenn er auch über ein paar Steinbrocken führt.

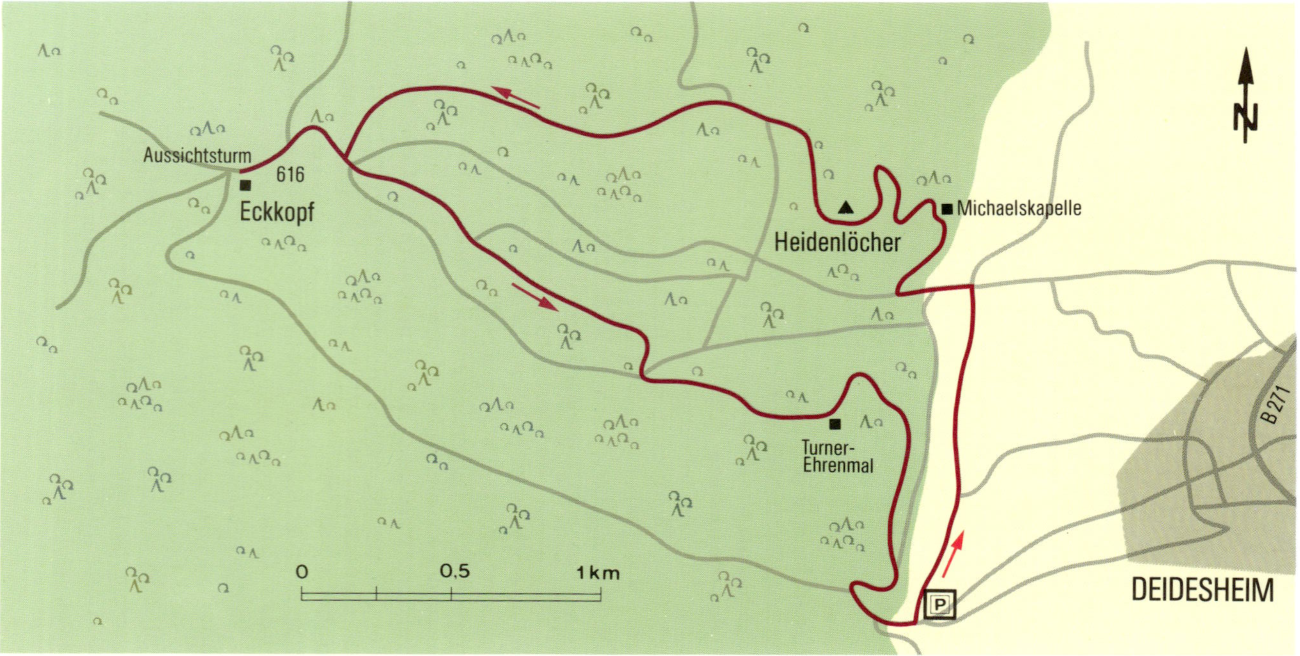
N
Aussichtsturm
616
Eckkopf
Heidenlöcher
Michaelskapelle
Turner-
Ehrenmal
B271
DEIDESHEIM
P
0
0,5
1 km

Vom *Eckkopf* kehren wir wieder zur Wegkreuzung zurück. Der mit weiß-blauem Strich gekennzeichnete Abstieg zum Turnerehrenmal und weiter zum Ausgangspunkt am Waldrand ist nicht zu verfehlen.

Von Bad Dürkheim über Limburg und Hardenburg zum Bismarckturm und zum Teufelsstein

21

Verkehrsmöglichkeiten Gute Bahn- und Busverbindungen nach Bad Dürkheim, direkte Verbindung mit dem Raum Ludwigshafen – Mannheim durch die Rhein-Haardt-Bahn.
Parkmöglichkeiten In der Nähe der Limburg (innerstädtische Wegweiser).
Wegmarkierungen Blauer Strich bis Hardenburg, weiß-blauer Strich bis Bismarckturm, blauer Strich bis Bad Dürkheim.
Tourenlänge 15 Kilometer. **Wanderzeit** 4 Stunden.
Höhenunterschiede Insgesamt etwa 380 Höhenmeter, kräftiger Anstieg zwischen Hardenburg und Bismarckturm.
Wanderkarte 1:25000 Bad Dürkheim.
Tourenbeschreibung Wer vom Bahnhof kommt, geht in westlicher Richtung durch die Leininger- und anschließend durch die Schillerstraße. Kurz nach der Schillerlinde entdecken wir die

Bad Dürkheim (Foto: Heinz Wittner)

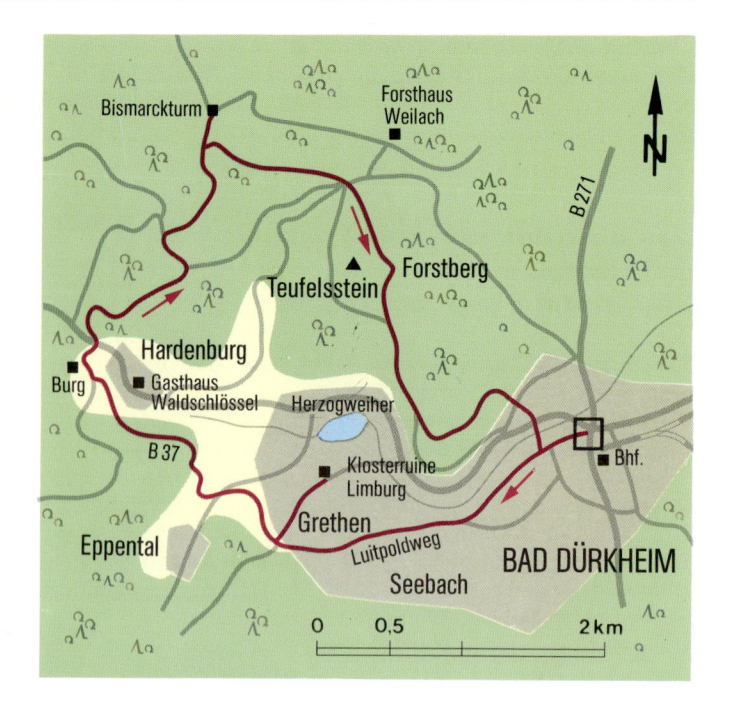

Markierung blauer Strich, der wir durch die Luitpoldstraße folgen. Etwa 500 Meter vor der Limburg (Wendeplatte der Omnibusse der Rhein-Haardt-Bahn) weist der blaue Strich steil abwärts (Wegweiser in Richtung Hardenberg 3 km). Im Talgrund wenden wir uns wenige Schritte nach links (talauswärts). Am Ende der Kleingartenanlage queren wir den Talgrund und steigen am See vorbei kräftig an zur *Hardenburg* (eine Stunde seit Parkplatz).

Wir verlassen die Ruinenanlage nach der Besichtigung durch den Bogendurchlaß am massigen Turm. Hier gabelt sich die bezeichneten Wanderwege, und wir wandern mit dem blauen Strich und örtlichen Wegweisern (Hardenburg) talwärts. Beim Gasthaus Waldschlössel geht es ohne Markierung etwa 150 Meter der Straße entlang in Richtung Ortsteil Hardenburg. Wir überqueren die Straße und entdecken die Wegmarkierung weißblauer Strich. Nach anfänglich recht steilem Anstieg erreichen wir nach etwa einer Wanderstunde den Bismarckturm (487 m). Der blaue Strich weist den Rückweg nach Bad Dürkheim, das wir über die Wegspinne am Schlagbaum, den Teufelsstein und die Kaiser-Wilhelm-Höhe erreichen.

Die Pfalz erleben per pedes

Von Dannenfels über den
Donnersberg nach Falkenstein

Verkehrsmöglichkeiten Dannenfels liegt am nordöstlichen Rand des Donnersbergmassivs, Busverbindung nach Kirchheimbolanden, Grünstadt und Rockenhausen.
Parkmöglichkeiten Parkplatz oberhalb des Dorfes an der Fahrstraße zum Donnersberg bei der Kinderklinik an der ersten Spitzkehre.
Wegmarkierungen Markierung »W« bis Abzweig hinter dem Königsstuhl, weißes Kreuz bis Krummkehr, gelber Strich bis Falkenstein, roter Strich, weißer Punkt und weißes Kreuz bis Dannenfels.
Tourenlänge 21 Kilometer.
Wanderzeit 5 Stunden.

Dannenfels, die »Dick Kescht« (Foto: Heinz Wittner)

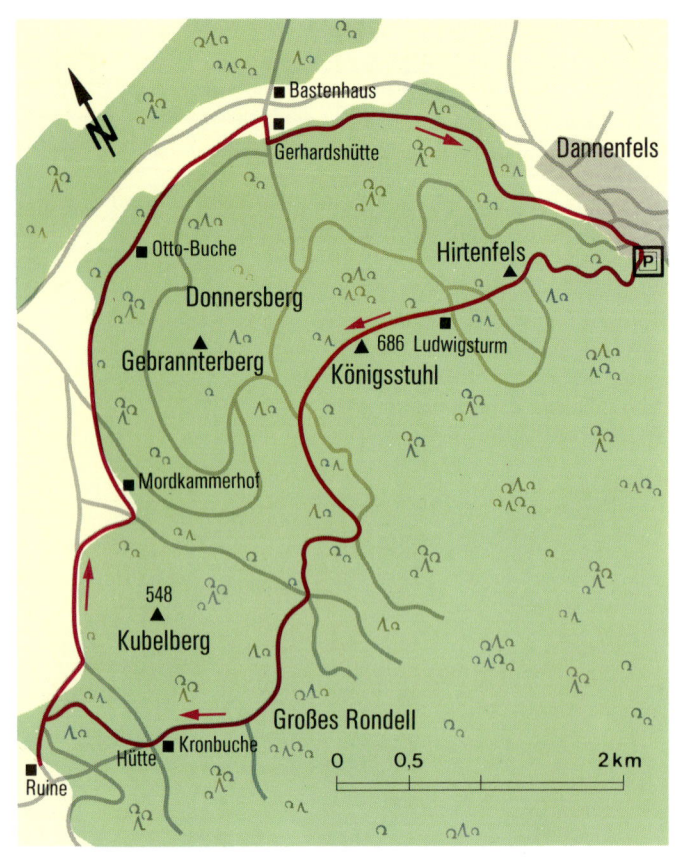

Höhenunterschiede Etwa 400 Höhenmeter, kräftiger Anstieg zwischen Dannenfels (420 m) und Donnersberg (687 m).
Wanderkarte 1:25000 Donnersberg und Umgebung.
Tourenbeschreibung Beim Parkplatz oberhalb des Dorfes (siehe Parkmöglichkeiten) entdecken wir an der nach links abzweigenden Straße die Wanderwegmarkierung »W«. Der kräftige Anstieg führt hinauf zum *Hirtenfels,* von dem eine alte Beschreibung berichtet: »Es ist ein gar schattiger, erhabener Felsensitz ... Der Lauf des Rheines von Bingen und Mainz bis unterhalb von Speyer, selbst der Main und der Neckar sind zu erkennen ...« Es gehören aber sicher Adleraugen und ein Traumwetter dazu! Beim Ludwigsturm überschreiten wir den keltischen Ringwall und wandern hinüber zum *Königsstuhl,* der höchsten Erhebung des Donnersberges und der ganzen Pfalz.

Die Pfalz erleben per pedes

Bald übernimmt das weiße Kreuz die Führung bis *Krummkehr*, dann folgen wir dem gelben Strich über *Grohes Rondell* zur Kronbuche, wo an Sommersonntagen eine Einkehrmöglichkeit besteht. Der Abstieg nach Falkenstein ist schnell geschafft, steil über dem Dörflein erhebt sich die Ruine. Wir vertrauen uns nun dem roten Strich an, der zum *Mordkammerhof* hinabführt.

Unser Weiterweg folgt dem Nordrand des Donnersbergs und mündet in Höhe des Gasthofes *Bastenhaus* in die Zufahrtsstraße zum Donnersberg ein. Wir überschreiten die Straße und finden am Waldrand den Wegweiser nach Dannenfels. Ein schöner Weg führt zum Ausgangspunkt dieser Wanderung zurück.

Nachbildung der Keltenmauer (»murus gallicus«) auf dem Donnersberg
(Foto: Heinz Wittner)

Von Imsbach zur Ruine Hohenfels und zur Kronbuche

23

Verkehrsmöglichkeiten Imsbach liegt am Südrand des Donnersbergs, gute Busverbindungen in Richtung Kaiserslautern.
Parkmöglichkeiten In der Ortsmitte oder am Eisernen Tor, zwei Kilometer nordöstlich des Dorfes, beschilderte Zufahrt zum Wanderparkplatz Gienanthstraße.
Wegmarkierungen Schwarzes und blaues »W« bis Grohes Rondell, gelber Strich bis Kronbuche, blauer Punkt bis Imsbach oder ohne Markierung (siehe Beschreibung) zum Eisernen Tor.

Tourenlänge 10 Kilometer. **Wanderzeit** 3 Stunden.
Höhenunterschiede Insgesamt etwa 300 Höhenmeter, kräftiger Anstieg vom Eisernen Tor zum Beutelfels.
Wanderkarte 1:25000 Donnersberg und Umgebung.
Tourenbeschreibung Ab Ortsmitte wandern wir über Triftstraße und Kupferbergstraße hinaus zum Wanderparkplatz am *Eisernen Tor* (Pkw-Zufahrt möglich). Beim Parkplatz beginnt der direkte und recht kräftige Anstieg. Nach etwa 25 Minuten öffnet sich eine überraschende Aussicht (Rastbank Löwenbergruhe). Diese wird jedoch beim *Beutelfelsen* noch übertroffen, zu dem wir durch eigenartig kurzstämmiges Eichenholz hinaufsteigen. Hier stehen wir an einem der markantesten Aussichtspunkte des Donnersbergstockes (Orientierungstisch).

Das Wegzeichen »W« geleitet uns zuverlässig weiter zu den Resten der sagenumwobenen Ruine Hohenfels, die links des Weges liegt. Bei der Weggabelung bleiben wir auf gleicher Höhe (Wegweiser Grohes Rondell – Freßplatz). Bei der Wegkreuzung (Grohes Rondell) wenden wir uns nach links, folgen dem deutlich markierten Weg (gelber Strich) und wandern in wenigen Minuten hinab zur Hütte bei der *Kronbuche* (im Sommer sonntags bewirtschaftet). Unterhalb der Hütte übernimmt der blaue Punkt die Führung in Richtung Imsbach. Auf schönem Weg geht es am Rande des Tales allmählich abwärts. Wer die Wanderung im Dorf Imsbach angetreten hat, bleibt auf dem markierten Wanderweg. Der Rückweg zum Eisernen Tor biegt bei ei-

Stollenmund der »Weißen Grube« bei Imsbach (Foto: Heinz Wittner)

Die Pfalz erleben per pedes

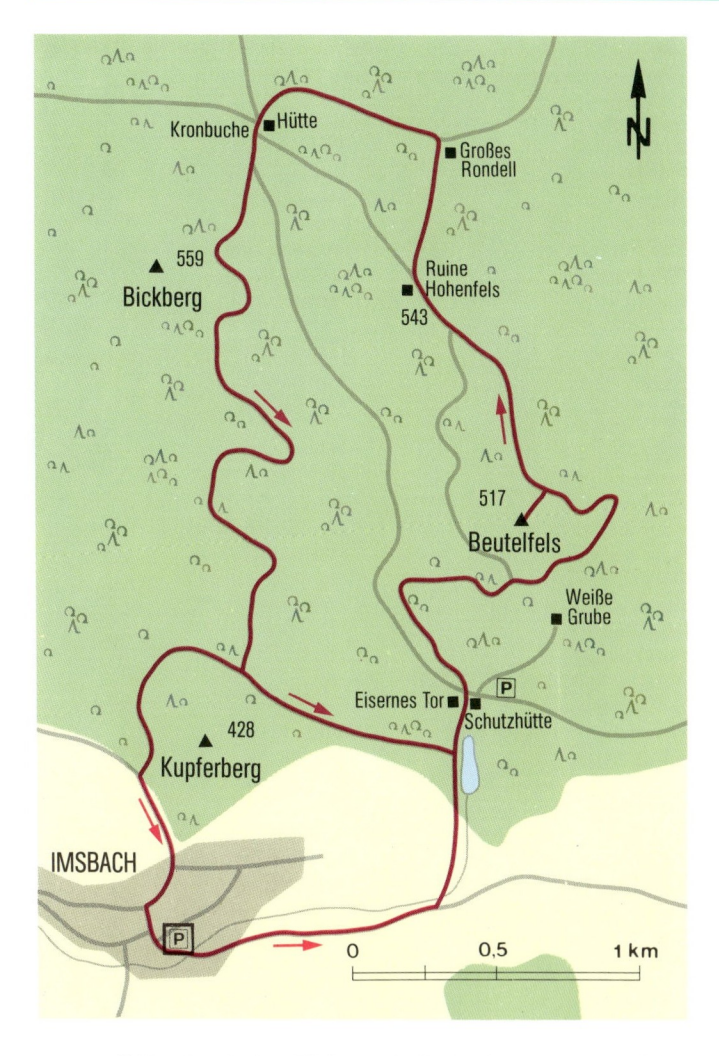

nem auffallenden freien Platz nach links ab, folgt unmarkiert dem Waldrand und erreicht über den Gümbel-Weg einen Fischteich und gleich darauf den Wanderparkplatz am Eisernen Tor.

Orts- und Sachverzeichnis

Die Nummern-Angaben beziehen sich jeweils auf die betreffenden Radtouren bzw. Wanderungen.

Altleiningen 7
Altschloßfelsen 12
Annweiler am Trifels 15
Arzheim 3

Bad Bergzabern 2, 14
Bad Dürkheim 6, 21
Bad Münster 11
Battenberg 6
Berwartstein 2
Beutelfelsen 23
Bienwald 1
Billigheim 3
Birkenhördt 2
Bismarckturm 21
Blitzröhren 6
Bobenheim am Berg 6
Bobenthal 2
Böllenborn 2
Braut und Bräutigam 13
Büchelberg 1
Burg Altdahn 13
Burg Grafendahn 13
Burg Tanstein 13
Burgruine Neu-Dahn 13

Carlsberg 7
Contwig 8

Dackenheim 6
Dahn 13
Dannenfels 22
Deidesheim 20
Deutschhof 4
Diedesfeld 5
Dietrichingen 8
Donnersberg 22

Ebernburg 11
Eckkopf 20
Edenkoben 5
Edesheim 5
Eppenbrunn 12
Erlenbach b. Dahn 2
Erlenbachtal 2
Eschbach 3, 15

Falkenstein 22
Feilbingert 11
Finsterbrunnertal 16
Freckenfeld 1
Freinsheim 6
Friedensdenkmal 17

Gimmeldingen 18
Gleishornach 14
Gleiszellen 14
Großfischlingen 5
Grünstadt 7

Haardt 18
Hallgarten 11
Hambach 5
Hambacher Schloß 5
Hardenburg 21
Hardt-Mühle 1
Heidenlöcher 20
Hertlingshausen 7
Herxheim 3
Hettenhausen 9
Hirtenfels 22
Hohe Loog 19
Höningen 7
Hornbach 8

Ilbesheim 3
Imsbach 23
Ingenheim 3

Jungfernsprung 13

Kaiserslautern 10
Kandel 1
Karlsschlucht 16
Katzenbach 10
Kindsbach 10
Kirchenarnbach 9
Kirchheim/Weinstraße 6
Kirrweiler 5
Kleinkarlbach 6, 7
Klingen 3
Klingenmünster 3, 14
Kloster Heilsbruck 5